KB097090

별
것 아
닌   선
의

별것 아닌 선의

타인의 고통에 응답하는 가장 작은 방법

이소영 지음

어크로스

대학원 시절 단과대 행정조교로 일할 무렵이었다. 1학년 학부생과 심하게 말다툼을 한 적이 있다. 볼이 발그스름하고 긴장하면 얼굴이 홍당무처럼 빨개지던 학생이었다. 신입생 입학 기념 배지 배부와 관련된 사소한 사안이었으나 당시에는 우리 둘 다 마음이 몹시 상했다. 나는 울먹거리며 다른 조교들에게 하소연했고, 그 친구 역시 학사 지원부로 찾아가 울음을 터뜨렸다고 들었다.

몇 해가 지나 고시 준비실 담당 조교를 할 때였다. 입실 시험 감독관으로 들어갔더니 그 학생이 거기 앉아 있었다. 이제는 고학번 학생이었으나 단번에 알아볼 수 있었는데, 그렇게 볼이 빨간 사람은 드물었기 때문이다. 그녀 또한 나를 알아보는 듯했다. 나 역시 한번 보면 쉽게 잊히지 않을 얼굴 까만 사람이었으니 말이다.

1교시 시험이 시작되었다. 학생증 검사를 하려고 책상 사이를 지나던 중, 그 친구 언저리에서 무언가 난감한 공기를 감지했다. 가까이 다가가 보니 펜 잉크가 닳아 글씨를 쓰지 못하고 있었다. 감독자에게 상황을 이야기하려고 해도 예전의 그 못된 조교 언니라 내키지 않았을 것이다. 시간은 째깍째깍 흐르는데 그녀는 울상이 된 채 펜을 흔들면서 잉크가 나오게 하려 애쓰는 것이었다. 나는 교탁에 놓아둔 필통에서 내 펜을 하나 집어 그녀의 책상 위에 말없이 올려두었다. 이윽고 쉬는 시간이 되자, 그 학생은 앞으로 나와서 내가 빌려주었던 펜을 탁 교탁에 얹었다. 그리고 잠시 머뭇거리며 입술을 달싹이더니 아무 말 않고 휙 나갔다.

순간, 기분이 상하는 대신 엉뚱하게도 '네가 바로 나구나'라는 생각을 했다. 머뭇거리다 휙 나가버리는 그 학생의 몸짓에서 나를 보았던 것이다. 맹렬히 연습했던 줄넘기 시험을 망친 후 속상해하다가 담임선생님이 다독여주시자 '좋아서' 몸을 비틀어 품에서 빠져나왔던 아홉 살 무렵의 내 모습을, 저편에 선생님들이 걸어오시는 걸 보고 지금 목례할지 아니면 더 가까이 오셨을 때 인사할지 '망설이다가' 허공에 꾸벅한 후 냅다 뛰었던 열일곱 살의 내 모습을, 앙증맞은 빨간 장화를 가리키며 "너, 그 코트 입고 이 장화 신으면 빨간 망토 차차처럼 귀엽겠다"라는 선배 오빠의 말에 '설렌 나머지' 도리어 표정이 딱딱하게 굳은 채 못 들은 척하던 스물 몇 살의 내 모습을. 그 '수줍은 예의 없음'을 나는 단번에 알아차렸다. 이내 마음속에서 이제껏 느껴보지 못했던 종류의 자애로운 감정이 솟았다. 쉬는 시간에 사온 펜으로 고개 숙이고 답안만 쓰던 그 학생을 향해 나는 내가 만들어낼 수 있는 가장 따스한 시선을 2교시 내내 보냈다.

어쩌면 그 친구는 정말로 싫어서 펜을 던지고 나간 것뿐일지도 모른다. 저 못된 조교 언니가 준 펜으로 시험을 보려니 글씨가 안 써진다고 하면서 말이다. 그렇지만 대학에서 연구하고 가르치는 선생으로 살아가면서 종종 그 기억이 떠오르곤 한다. 볼이 빨갛고 내성적인 누군가의 빈틈을 알아보게 해준, 얼굴 까맣고 내성적인 다른 누군가의 동일한 빈틈. 그럴 때마다 생각하게 된다. 비록 학생들에게 카리스마 넘치는 역할 모델이나 근사한 멘토가 되어주지는 못할지라도 내가 지닌 모종의 빈틈 덕분에 타인의 그것을 세심하게 알아차리고 보듬어줄 수는 있을 거라고. 그리하여 싱그럽고 화사하고 당찬 젊음의 틈새에 숨어든, '수줍어 인사 못하고', '소심해서 예의 없는' 몇 안 되는 얼굴들을 누구보다 먼저 알아보고 다독일 것이라고. "내가 너야. 그래서 나는 알아본단다"라며 말이다.

'선의란 무엇인가'라는 화두를 던지거나 선함의 효용을 설파하기 위해 이 책을 쓴 것은 아니다. 어떤 찰나들을 포착하고 기록하여, 사람들과 나누고 싶었다. 나의 결점을 통해 타인의 빈틈을 알아보고 다정한 이해의 눈길을 보냈던 저 순간과 같은. 그런 알아봄의 경험은 정의를 구현하고 세상을 바꾸는 데 하등 쓸모를 갖지 못하겠지만, 우리가 일상에서 서로의 고통에 귀 기울이고 응답하는 가장 작은 방법이 되어줄 순 있지 않을까 생각했다. 불안정하고 불확실한 채 그럼에도 매일의 발걸음을 떼어놓는 우리를 지탱해주는 것은 어쩌면 아주 사소한, 별것 아닌 것들일지 모른다.

〈제7의 봉인〉(잉마르 베리만, 1957)이란 영화가 있다. 페스트의 공포가 만연한 14세기 중엽, 기사 안토니우스 블로크는 십자군 전쟁에 참전했다가 10여 년 만에 고향으로 돌아가는 길에 사자(使者)의 방문을 받는다. 그는 자신의 죽음을 지연시키기 위해 사자에게 체스 게임을 두자고 제안한다. 게임이 진행되는 동안을 말미 삼아, 일생토록 품어온 실존적인 물음들의 답을 구하고자 했던 것이다. 성당 고해소를 찾아가고, '회개의 행진'을 하는 무리를 만나고, 마녀로 몰린 소녀 곁에서 질문을 던지지만 존재와 구원에 대한 어떤 답도 그는 얻지 못한다. 거기서 목도한 것은 불안한 군중이 만들어낸 희생양과 얼어붙은 두려움뿐이었으니까. 그 여정 중에 어느 떠돌이 광대 가족을 만난다. 그들에게 산딸기와 우유를 대접받으며 초저녁 한때를 함께 보내게 된다. 그는 말한다.

이 순간을 잊지 못할 거요.
이 고요함, 산딸기와 우유, 저녁놀에 물든 당신들의 얼굴,
수레 안에 곤히 잠든 미카엘, 류트를 타는 요프,
그리고 우리들이 나눈 이야기를 기억할 테요.
신선한 우유가 철철 넘치는 그릇처럼 내 두 손에 조심스럽게 간직할 것이오.
이 기억은 나에게 커다란 충만함 그 자체가 될 것이요.

이 책을 읽는 그대가 책장을 넘기다 어느 구절에선가 자기 삶에 누군가가 새겨 넣었던, 혹은 누군가의 삶에 자신이 선물해주었던 그런 반짝이는 한순간을 복기할 수 있다면 기쁘겠다.

차례

1

※

별것 아닌
선의

지친 몸을 잠시 의자에 누이도록 해준 것은

특별히 선하거나 자비롭지 않은 한 인간이 건넨,

별것 아닌 호의였다.

※

별것 아닌 것 같지만
도움이 되는

"나는 빵장수일 뿐이라오. 다른 뭐라고는 말 못하겠소. 예전에, 그러니까 몇 십 년 전에는 다른 종류의 인간이었을지 몰라요. 지금은 그저 빵장수일 뿐이오. 그렇다고 해서 내가 한 일의 변명이 될 순 없겠지요. 그러나 진심으로 미안하게 됐습니다."

아이 엄마에게 "댁 아드님에 대해 뭐 잊으신 것 없수?"라며 반복적으로 전화를 걸어 비아냥댈 때, 빵집 주인은 조금도 알지 못했다. '댁 아드님'은 생일케이크를 주문했던 바로 그날 교통사고를 당해 병원으로 실려 갔다는 것을. 의식을 잃은 어린 아들의 병상을 뜬눈으로 지키며 젊은 부부의 몸과 마음은 생선가시 발리듯 뜯기어갔다는 사실을. 그리고 결국 아이는 세상을 떠났음을. 그는 그저 자신이 공들여 만든 생일케이크를 찾아가지 않은 예약 손님에게 화가 난 나머지 수화기에 대고 잠시 이죽거렸을 따름이었다.

어스름한 새벽녘에 빵집 문을 두드리고서 "그 애는 죽었다고. 이 못된 놈아!"라며 울음을 터뜨리는 아이 엄마와 "부끄러운 줄 아세요"라고 쏘아붙이는 아이 아빠에게 그는 횡설수설 미안함을 전하고 더듬더듬 위로를 건넨다. 그러다 부부를 빵집 안으로 들여 탁자 앞에 앉게 하고서는 갓 구워낸 빵을 건넨다. "내가 만든 따뜻한 롤빵을 좀 드시지요. 이럴 때 뭘 좀 먹는 게 별것 아닌 것 같지만 도움이 될 거요." 그러고는 그들이 접시에 놓인 빵을 하나씩 집어 먹기 시작할 때까지 기다린다. "롤빵은 따뜻하고 달콤"했으며, 아이 엄마는 "롤빵을 세 개나 먹어 빵집 주인을 기쁘게" 한다.

이렇듯 빵집 주인은 자신이 무심코 던진 돌로 인해 더욱 상처 입은 낯선 부부에게 미안함과 연민을 갖게 되었지만, 그렇다고 해서 아이 잃은 부모의 아픔을 온전히 보듬을 수는 없을 것이다. 더불어 짊어지고 살 수는 더더욱 없을 테다. 본인 말대로 그는 그저 한 사람의 빵장수였을 뿐이니까. 그러나 바로 그 빵장수만의 방식으로, 도움이 되고자 무언가를 끌러놓는 저 장면은 형언하기 어려운 감동을 준다. 레이먼드

카버의 단편소설《별것 아닌 것 같지만, 도움이 되는(A Small, Good Thing)》의 마지막 장면이다.

여러 해 전 늦은 저녁, 나는 길에 선 채 울고 있었다. 어딘가로 찾아들어 마음을 누이고 싶었고, 떠오르는 장소가 성당밖에 없었다. 무작정 택시를 잡아타고 "명동성당으로 가주시겠어요?" 했다. 그리고 택시 안에서 다시 울었다. 기사님이 뒷좌석을 물끄러미 보시더니 아무 말 않고 듣고 있던 〈최양락의 재미있는 라디오〉 볼륨을 줄였다. 이어 치지직 주파수를 돌렸다. 이내 경건하고 고요한 노래가 들려왔다. 조스캥 데프레가 작곡한 〈아베 마리아〉라고 라디오 진행자가 알려주었다. 뒤이어 그레고리안 성가풍의 단조로운 노래들이 흘러나왔다. KBS 클래식 FM이었던 듯한데, 그 시간대에 성모 마리아를 주제로 한 고음악을 특집으로 선곡했던 모양이다. 여기저기서 자동차 경적 소리가 울리던 캄캄한 월요일밤, 퇴계로 부근의 택시 안에서 나는 그렇게 〈아베 마리아〉와 〈살베 레지나〉와 〈마니피캇〉을 기사님과 함께 들었다. 어느덧 울음이 스르르 잦아들었다.

그날 밤 하느님에게 무엇을 간절히 빌었는지는 기억나지 않는다. 무엇이 그리 힘들었는지도 가물가물하다. 다만 성당으로 가달라며 우는 승객을 위해 〈최양락의 재미있는 라디오)를 희생하고 성모의 노래들을 함께 들어주신 그분의 마음은 기억한다. 말하자면 그때 택시 기사는 잠자코 라디오 주파수를 돌려 "별것 아닌 것 같지만 도움이 되는" 위로를 내게 건넸던 것이다.

수년 전, '세상 읽기'라는 화두로 글쓰기를 제안받고서 가장 먼저 떠오른 것이 엉뚱하게도 이 기억이었다. 수많은 전문가들이 예리하게 분석한 정치·경제적 현안들과 '세상을 바꾸는 방안'에 나의 서툰 논평을 한 줄 더 얹는 대신, 그 세상에서 떼어놓는 작은 발걸음들에 시선을 두면 어떨까 생각했다. 핵문제가 해결되고 적폐청산을 하고 나쁜 자들을 감옥으로 보내도 여전히 견고하게 지속될, 제도를 몸통으로 하고 자본을 심장으로 한 세계. 그 안에서 힘겨워할 우리가 서로에게 '별것 아닌 것 같지만 도움이 되는' 찰나들을 들여다보고 싶었다. 이 책에 담긴 50여 편의 이야기들이 세상 누군가에게 그러한 의미로 가닿았으면 한다.

※

은혜 갚은 까치의
시점에서

대학 시절 내내 학원에서 고등학생들을 가르치는 아르바이트를 했다. 프랜차이즈 학원부터 시장통에 위치한 소규모 보습학원, 월급은 종종 체불되었어도 함께 공부하는 기쁨을 일구었던 대안학교풍 학원까지 수많은 곳을 거쳤다.

마지막으로 일한 곳은 유구한 역사를 자랑하는, 그러나 수강생이 날로 줄어 어려움을 겪고 있던 대형 학원이었다. 일흔을 넘긴 이사장은 젊은 날 검정고시 교습에 공헌해 국가훈장까지 받은 분이라고 했다. 그분은 월요일 오후마다 강사들을 불러 모아 교육윤리를 설파했다. 요지는 항상 같았다. "뼈 빠지게 일하라." 한편 실무를 담당하던 물리 전공 교무주임 선생님은 학생들의 표현을 빌리자면 '얼굴은 동자승이고 머리는 대머리'였는데 클래식 음악을 무척 좋아했다. 자비로 구입한 오디오를 교무실에 두고 항상 클래식 FM을 틀어놓았다.

비록 저물어가는 옛날식 학원이었지만 프로의 자존심으로 버티던 다른 선생님들이 보시기에 머리에 피도 안 마른 학생 강사가 마뜩찮았을 것이다. 나는 전공도 아닌 교과목을 가르치며 당치 않은 프로 시늉하느라 바싹 긴장해 있었다. 숨통을 터준 것은 쉬는 시간마다 교무실에서 들리던 아름다운 선율과, 알게 모르게 배려해주시던 교무주임이었다.

학부 마지막 기말시험 기간이었다. 다음 날 민사소송법 시험이 있었고, 그날은 인근 두 고등학교의 기말고사가 시작되는 날이기도 했다. 오후 3시부터 밤 11시 반까지 보충수업이 잡혀 있었다. 입으로는 기출문제를 풀어주며 머릿속에서는 펴보지 못한 민사소송법 책이 아른거렸다. 지치고 막막해서 몰래 부품 보관하는 창고에 들어가 울고 있는데 문이 벌컥 열렸다. 나를 발견한 교무주임은 "아, 담배 좀 피우려고…"라고 얼버무리며 얼른 나갔다. '무슨 담배를 창고에서 피우나?' 하며 눈가를 훔치고 교무실로 가니 학생들이 몰려와 밤 10시에 갑자기 물리 보충수업이 잡혔다 했다. 물리시험은 며칠 후인데 동자승이 꼭 오늘 밤 보충해야 한다고 했다는 것이다. 잠시 후 교무주임 선생님이 들어오더니 무심한 어투로 말했다. "마지막 보충 취소됐으니 선생님은 퇴근하세요." 반짝이던 그분의 머리가 보석처럼 보이던 찰나였다. 가방 챙겨서 나오는데 늘 그렇듯 켜져 있던 클래식 FM에서는 모차르트의 〈반짝반짝 작은 별 변주곡〉이 명랑하게 연주되었다.

영화 〈안개 속의 풍경〉(테오 앙겔로풀로스, 1988)에는 국경 너머, 아버지가 있다는 곳을 찾아가기 위해 무작정 길을 나선 남매가 등장한다. 무일푼으로 세상에 내던져져 할퀴어지고 심지어 강간당한 어린 여주인공은 '몸을 팔아서'라도 동생을 데리고 떠날 여비를 구하고자 역전의 군인에게 다가선다. 젊은 병사는 소녀의 말뜻을 이해하지 못했다가 이내 당혹스러워하더니 불쾌해하며 서둘러 자리를 피한다. 화물칸 사이를 착잡한 표정으로 서성이던 그는, 거기까지 찾아든 소녀에게 기차 삯에 달할 만큼의 돈을 쥐여주고 서둘러 자리를 뜬다. 그 돈으로 표를 산 소녀가 동생과 나란히 기차에 앉아 있는 다음 장면에서 눈물이 왈칵 쏟아졌다. 잊고 지냈던 한 시기의 기억들이 떠올랐다.

공부하고 가르치며 밥 벌어먹게 되기까지, 돌이켜보면 먹고살 길이 실제로 끊긴 적은 없었다. 그래서 막연한 배짱 같은 것을 가졌더랬다. 나 하나 건사할 길은 어떻게든 계속 열리겠지, 하는. 그렇게 열어준 것은 세상 너머로부터의 자비로운 손길이었겠지만, 이는 이 땅 위에서 더불어 살아가는 '사람들'의 크고 작은 호의를 경유하여 비로소 일용할 양식의 형태로 내 손에 쥐어졌다. 영화 속 소녀가 '아버지 나라'에 다다를 것이 설령 준비되어 있던 선물이라 할지라도, 그곳으로 가는 여정에서 지친 몸을 잠시 의자에 누이도록 해준 것은 특별히 선하거나 자비롭지 않은 한 인간이 건넨, 별것 아닌 호의였던 것처럼.

그해 겨울 입시학원 교무실이 생각난다. 〈반짝반짝 작은 별 변주곡〉이 귓가에 맴돈다. 가난했던 나는 그 미소한 배려들이 얼마나 세심히 마련되었을지 미처 헤아리지 못한 채 주는 대로 받아 가졌다. 받아 가진 자로서 무얼 하면 될지, 은혜 갚은 까치의 시점에서 골똘히 생각해본다. 생의 여정 중 맞닥뜨릴 고단한 이들에게 몸을 누일 열차 칸을 그때그때 내어놓는 것, 그리고 주는 대로 받아 갖는 누군가를 만나거든 나 또한 '그럼에도 재차 뭘 내미는' 것. 이는 일생을 두고 행해야 할 작업이므로, 일단 오늘 밤엔 하늘의 별처럼 많은 고마움들 가운데 하나를 글로 옮겨 사람들과 나누기로 한다.

당신의 홀레 아주머니를
만나길

대학원 시절 좋은 장학금을 받게 되었다. 교수 아닌 학생이 그 연구 지원 프로그램에 선정된 것은 모교에서 처음이라고 했다. 이른 아침이었다.

소식을 듣자마자 지도교수님에게 전화를 드렸다. 운전 중이던 선생님은 "어 그래?" 하고 무심히 답하셨다. 그러더니 오전 일정을 미루고 곧장 학교로 오셨다. 합격 메일을 수차례 읽어보시더니 "지금 어디 태연하게 공부가 되겠어?"라며 나를 데리고 교내 커피가게로 향하셨다. 카운터에서 커피 주문하다 말고 주인 아주머니께 "얘가 제 제자인데 이번에 하버드 가요. 아주 좋은 장학금 받고"라며 자랑하셨다. 아주머니는 당황한 기색이 역력했다. 누가 봐도 그 선생님은 얼음

왕자 이미지였기 때문이다. 그러다 뒤늦게 "아유 교수님, 얼마나 자랑스러우시겠어요!" 하고 덧붙이셨다. 민망해하며 엉거주춤 있던 나는 원두 갈던 아르바이트생과 시선이 마주쳤다. 안경 너머로 빙글빙글 웃는 그녀의 눈길은 '아니 저런 팔불출 선생님이 다 있네'라고 말하고 있었다. 나도 덩달아 쿡 웃음이 나려 했지만 다음 순간 뭉클했다. 누군가 나를 위해 기꺼이 팔불출이 되어준 것은 처음이었으니까. 대학에 합격했을 때 부모님도 그러지 않으셨다.

그로부터 여러 해가 지나서였다. 학위를 마치고 연구소에 있던 무렵이었다. 단짝친구가 유학에서 돌아와 유수 대학에 임용되었다. 세부 전공은 달라도 서로의 지도교수님을 잘 알아온 터라 친구는 인사드리러 찾아뵀었다고 했다. 정말 잘되었다며 기뻐하시던 선생님이 말미에 이렇게 덧붙이셨단다. "근데 우리 소영이도 그 전공이 자리가 워낙 안 나서 그렇지, 이제 곧 교수 될 거야"라고. "으아, 진짜. 음성자동 지원된다"라며 선생님 말투를 흉내 내며 친구 앞에서 막 까불고 웃었다. 그리고 그날 밤, 자다가 깨어나 울었다.

오래전 그때, 그러니까 커피가게에서 '내 제자 하버드' 하며 팔불출 되셨던 그날, 선생님은 이런 말씀을 하셨다. 이제 주위에서 축하인사를 건넬 텐데 한번 유심히 관찰해보라고,

"근데 난 언제쯤" 혹은 "근데 우리 애도 곧" 식으로 말미에 꼭 한마디씩 얹는 사람이 있을 거라고 말이다. 상대에게 축하와 축복의 말을 전하는 데 그치지 않고 이렇게 덧붙이는 건 산뜻하지 못한 반응이라고, 그런 못난 사람이 또 없다고 했다. 그런데 나를 위해 우리 선생님이 부지불식간에 산뜻하지 못한, 못난 사람이 되어주셨던 것이다. 당시 난 아직 비정년직 연구원이었으나 좋은 선배 연구자들과 즐겁게 공부하던 중이었다. 하지만 그날 하루만큼은 선생님이 다시금 팔불출이 되실 기회가 오길 간절히 바랐다.

홀레 아주머니(Frau Holle)라는 독일의 옛이야기에는 우물가에서 날마다 손가락에 피가 날 정도로 베를 짜는 소녀가 나온다. 어느 날 소녀는 핏물 든 실타래를 씻다 실수로 우물에 빠뜨리고 만다. 그리고 의붓어머니의 질책에 못 이겨 그것을 찾기 위해 우물로 뛰어든다. 그 아래에서 그녀는 친엄마의 손길을 지닌 홀레 아주머니를 만나 살뜰한 보살핌 속에서 가르침을 얻는다. 내겐 대학원 진학이 그 우물이었다. 소녀가 우물 아래서 어떤 일이 펼쳐질지 예상하지 못한 채 현실이 고통스러워 무작정 뛰어들었듯 나 역시 그랬다. 법을 전공했지만 고시공부만큼은 싫었고, 자정까지 입시학원 아르바이트를 하지 않아도 조교를 하며 학비를 벌 수 있다기에 일단 발을 떼었다. 시작은 그랬다. 그러다 우물 안에서 나의 홀레 아주머니들에게 닿았던 것이다. 모교 울타리 안과 밖, 전공 내부와 외부, 학생 시절과 이후를 넘나들며 그분들에게 보살핌과 가르침을 받았다. '누르고 흔들어서 넘치도록' 받았다.

홀레 아주머니의 품을 떠나 다시 세상으로 나온 소녀가 먼저 들른 곳은 아무도 반길 사람이 없는 의붓어머니의 집이었다. 좋은 대체부모를 통해 채워지고 성장한 아이는 이렇듯 상처의 근원을 찾아 묵은 실타래를 풀고 그 지점에서부터 한 발 더 내딛는다고, 오랜 시간 옛이야기를 연구해온 분이 알려주셨다. 수많은 메르헨(Märchen, 동화)이 이런 서사 구조를 갖는다고 말이다. 이른 시각 잠에서 깨어, 풀어야 할 실타래를 생각해본다. 그러자 여기 미처 못 적은 고마움들이 기억 저편에서 아침 해처럼 둥실 솟아난다.

'스승의 은혜는 어버이시라'라는 노랫말을 새삼 되뇌려는 것은 아니다. 다만 내 경우 '부모의 마음이 저런 것이구나' 혹은 '자녀가 커가면서 부모에게 품는 애틋함이라는 게 이런 것이겠구나' 하고 선생님들과의 관계 속에서 유추해 헤아려볼 수 있었다. 처음부터 갖지 못했던 가족 관계의 원형이 긴 시간에 걸쳐 서서히 내면에 만들어진 셈이다. 찾아갈 가정이

나 애착할 가족이 없는 그대도 기억의 방에서 그대의 홀레 아주머니를 찾아내기를, 그리고 그 지점에서부터 한 발 더 내딛게 되기를 기대한다.

❋

듣는 귀가
되어주는 것

　　동료 선생님들과 저녁을 먹고 할 일이 남아 있어 학교로 되돌아간 늦은 밤이었다. 복도에 선 채 그중 한 분과 남은 이야기를 나누던 중 저편에서 한 학생이 목례를 하고 지나갔다. 평소와 달리 표정이 어두워서 무슨 일 있나, 마음에 걸렸다.

　잠시 후 내 방으로 올라가려는데 등 뒤에서 "교수님" 하고 부르는 소리가 들렸다. 아까 그 학생이었다. 상의드릴 게 있다며, 잠시 시간 내어주실 수 있느냐고 물었다. 여느 때 같았으면 곧장 연구실로 함께 갔겠지만, 마침 그날 저녁 먹는 자리에서 학생 면담 시 주의할 지침들이 화제가 되었던 터라 멈칫했다. 학생 상담 시 방문을 열어두라, 이성 학생의 경우에는 반드시 둘씩 짝 지어 오게 해야 한다더라, 민감한 내용이라면 만일을 대비해서 동의를 구하고 녹음하라 등의 이야기가 오갔던 것이다. 그건 학생을 '선생을 무고할 수 있는 잠재적인 위험원'으로 보는 비교육적 처사라며 반발했으면서도, 막상 그 순간에는 그런 주의 사항들이 떠올랐다.

"오늘은 늦었으니 내일…"이라 말하려다 학생과 눈이 마주친 나는 가슴이 철렁했다. 항상 서글서글하던 그 친구의 눈길이 고통스럽고 절박해 보였다. 뭔지 모르지만 지금 하려는 이야기는 내일 다시 찾아오라고 하면 듣지 못할 것임을, 영영 내게는 들려주지 않으려 할 것임을 직감했다. "집으로 가시는 길이면 걷는 동안이라도 말씀드리면 안 될까요?" 학생이 재차 청했다. 원고 작업은 다음 날로 미루기로 하고 "그러자"라며 응했다. 그리고 풀벌레 소리만 들리는 적요한 밤 교정 한쪽에 서서 이야기를 나누었다. 아니, 들었다.

법적인 쟁점에 관해 물어볼 것이 있어서 그런다며 학생은 말문을 뗐다. 하지만 한참 들어보아도 법률적 조언을 구할 만한 사안이 아니었다. 또한 무척 고통스러운 일임은 맞지만 그 친구의 신상에 직결된 사안이 아니었고, 우리 학내 문제 역시 아니었다. 그러니 '법 교수님'으로서도 학과 교수로서도 내가 해줄 수 있는 조언은 많지 않았다.

위로든 조언이든 들려주어야 할 것 같았지만, 한마디라도 부주의하게 내뱉었다간 깨지기 쉬운 유리그릇 같아진 그 학생의 마음에 쨍그랑 금이 갈까 봐 두려웠다. 마음속으로 맞갖은 어휘와 표현을 조심스레 고르고 이리저리 배열하는 동안 침묵이 이어졌다. 다음 순간, 학생의 표정에서 타인에게 내보이지 말았어야 (한다고 생각)했던 속내를 털어놓고 나서 밀려드는 참담한 평온함 같은 것이 읽혔다. 그때 알았다. 이 친구는 지금 위로나 조언을 구하려는 게 아니구나. 누구한테도 말 못한 채 품고 있던 내면의 무거운 돌덩이를 감내하기 힘들어, 상담 형식으로나마 꺼내어 보이고 싶었던 거였구나.

솔직히 말하면 나는 학생이 겪고 있을 고통의 크기나 밀도를 어렴풋이 짐작하면서도 거기에 오롯이 공감하기 어려웠다. 그렇지만 상의한다는 구실을 빌려서라도 누군가에게 말하고 싶었을 간절함만큼은 온전히 알았고, 또 공감했다. 말한 다음 순간 밀려드는 참담한 평온함에 대해서도.

고르고 다듬던 조언의 문장들을 버렸다. 대신 밤늦게 불쑥 찾아와 이런 이야기를 해서 죄송하다고 말하는 그 학생에게 "고마워"라고 답했다. 어쩌면 나는 너한테 필요한 조언을 다 못 해줄 테지만, 그런 내게 네 이야기를 들려주어 참말로 고맙다고. 나는 네게 좋은 상담자가 되어주지 못한 걸 미안해하지 않을 테니 너 또한 내게 한밤에 찾아온 걸 미안해하지 않기로 하자고. 네가 말함으로써 조금이나마 후련해진 만큼 나 역시 '듣는 귀'가 되어주어 기쁘다고.

그가 짊어진 돌덩이를 내가 얼마나 덜 수 있을지를 떠나, 적어도 내게 고민을 털어놓았다는 사실이 그에게 자책의 돌덩이를 하나 더 얹지 않기를 간절히 바랐다. 나 역시 예전 그때, 상의드릴 일이 있다며 찾아와서 내면의 돌덩이를 꺼내놓던 나로 인해 놀랐을 누군가에게 이해되었기를 빌었다. 저마다의 돌덩이를 짊어진 채 사회적 관계의 테두리 안에서 살아가는 나와 당신이 때때로 그 테두리를 뜯어내고 서로에게 '듣는 귀'가 되어주고, 거기에 미안해하지 않는 '우리'가 되어가길 꿈꾼다.

※

밀알만 한
쓰임새라도

모처럼 상경한 금요일의 늦은 오후였다. 을지
로 빌딩숲의 한 카페에서 우유아이스크림을 먹으며 논문을
수정하고 있는데 누군가 옆자리에 앉았다. 단정한 정장 차림
에, 얼핏 보아도 사회 초년생 티가 묻어나는 얼굴이었다. '어
려 보인다' 혹은 '실제 어리다'와는 결이 조금 다른, 풋것의
느낌. 창밖을 보며 나란히 앉는 자리였는데 굳이 옆자리에
앉은 사람을 의식했던 것은 그녀가 커피를 받아오자마자 울
기 시작했기 때문이다.

어쩌다 공공장소에서 눈물을 뚝뚝 떨어뜨릴 만큼 마음을
다쳤나 싶었다. 아무리 생면부지라지만 울고 있는 사람 옆에
서 아이스크림이나 핥자니 미안한 마음이 들어, 시선을 내려

뜨린 채 교정지 페이지만 타닥타닥 넘겼다. 휴대전화를 들었다 놓았다 하던 그녀는 이윽고 통화 버튼을 눌렀다.

"저 부장님 혹시… 죄송하지만요. 죄송한데 바꿔주시면… 그러면 팀장님은 퇴근… 예? 아니, 아니에요. 감사합니다."

애써 귀를 닫으려 했지만 본의 아니게 엿듣게 되었다. 얕은 호기심인 줄 알지만 궁금증이 일었다. 무슨 일일까. 〈미생〉과 같은 비정규직의 아픔일까, 아니면 직장 상사에게 모진 말을 들은 것일까. 그것도 아니라면 사무실에서 집단따돌림을 당하거나 모종의 부정의한 일을 겪은 것일까. 아이스크림이 녹아 흐르는 것도 모른 채 이런저런 추정을 해보았다. 어느덧 옆자리에서는 어깨의 들먹거림이 잦아들었다. 그녀는 가방에서 작은 파우치를 꺼내더니 메이크업 도구들을 집었다.

먼저 눈가에 섀도를 덧바른 후 연필처럼 생긴 것으로 세심하게 선을 그려 넣었다. 퍼프로 두 뺨을 팡팡 두드리고 입술에 다시 색을 입혔다. 방금 울고 있던 사람이 맞나 싶을 정도로 집중해서 말이다. 그 모습을 곁눈질하던 나는 우연히 보았다. 화장을 고치다 말고 그녀가 손거울을 들여다보며 아주 잠깐, 표정 연습을 하듯 생긋 웃는 것을. 이번에는 내 쪽에서 눈물이 핑 돌았다. 아까 흐느끼는 얼굴을 볼 때보다 더 마음이 아팠다. 처음의 호기심이 연민으로 바뀌었고, 연민은 곧 동질감으로 옮겨갔다. 눈 화장이라고는 해본 적이 없고 손거울도 갖고 다니지 않으면서 왜였을까. 이유는 알 수 없지만 그녀에게 동병상련을 느꼈던 것이다.

어느 소설 초반부에 이런 장면이 나온다. 눈물진 눈가를 정리하러 간 여자 친구가 거울 앞에서 "눈을 크게 뜨고 입을 약간 벌린 채 마스카라를 칠하는" 장면을 주인공이 문틈으로 보게 된다. 숙련된 장인처럼 그 일에 몰두하는 표정이 마치 "조금 전까지의 눈물과 애교, 토라짐이 하나의 연기였음을 조용히 웅변하는" 듯했다고 화자는 진술한다. 언제 울었냐는 듯 자기 단장에 열중하는 모습에 조용히 소름이 돋았다는 대목에서 읽는 이들은 쓴웃음을 지었을 것이다. 하지만 그 웃음의 뒤끝은 씁쓸하기보다 슬펐다. 작중인물을 대신해서 항변하고 싶었다. "화장 고치는 데에 몰입했다고 해서 그 전의 감정들이 연기였다고 할 수 있나요?"라고. 부서진 마음 상태로도 초라해 보이고 싶지 않은 마음이 그녀 역시 싫었을 거라고. 부서진 마음으로도 아무렇지 않은 듯 글을 쓰고, 어떤 일이든 부탁받으면 기꺼이 응하는 스스로의 강박이 그악스럽게 여겨졌던, 그래서 한밤에 깨어나 토했던 나처럼 말이다. 나는 그 작가와 같은 시선으로 사람에 대해 냉소할 수 없었다.

화장을 안 해도 사회생활에 별다른 문제가 없는 직업조건을 가진 내가 말쑥한 차림새의 직장인들이 바삐 움직이는 일터를 가진 이에게 공감한다고 함부로 말하기는 어렵다. 그러면 안 될 것 같다. 나는 그저 꾸역꾸역 단장하던 그녀의 모습에서 꾸역꾸역 성실하고 상냥했던 나 자신의 모습이 겹쳐 보였을 뿐이니까. 손거울을 보며 웃어놓고 아마도 다음 장면에서 다시 울 사람에게, 그래서 일순간 동류의식을 느꼈을 따름이니까. 말하자면 그것은 고인 눈물이 마르고 나면 이내 휘발될 피상적인 감상이었다.

그럼에도 종종 그날이 떠오른다. 당시 그녀를 눈물 나게 했던 것이 직장 업무였는지 부장님이었는지 아니면 사회 구조였는지는 알지 못하지만, 지금은 그녀가 덜 힘들기를 바랄 뿐이다. 그런 의미에서 고통스럽던 순간들, 스스로의 강박적인 생존 본능을 미워했던 그 시간들조차 타인의 아픔을 헤아리는 데 밀알만 한 크기의 쓰임새를 갖는 셈이다. 이 또한 '별것 아닌 것 같지만 도움이 되는' 무엇이면 좋겠다.

그의
영지 선생님

〈벌새〉(김보라, 2019)는 1990년대에 청소년기를 보낸 이들 사이에서 화제를 모았던 영화다. 주인공 은희는 내 또래다. 정확하게 말하면 나보다 한 학년 아래다. 하지만 애초 기대했던 것에 비해 기억 속 경험은 그리 많이 겹치지 않았다. 나는 강남 8학군 출신이 아닌 데다 오빠나 언니가 없었다. 또한 학창 시절 소위 '날라리'와는 거리가 먼 갑갑한 학생이었다. 남자 친구는 물론 없었고 또래 남자아이들에게 딱히 관심을 갖지도 않았다. 공교육에 대체로 순응했으며, 학교 선생님들을 곧잘 따랐다. 노래방보다는 성당이 열 배 더 좋았다. 무엇보다 김일성이 사망하고 성수대교가 무너진 그해에는 멀리 다른 나라에서 잠시 살던 중이었다.

그럼에도 은희가 느끼는 감정의 온도와 밀도를 오롯이 감지할 수 있었다. 어느 평론가가 이 영화를 두고 "누군가 기억하는 '사건'이 아닌 누구나 한 번은 경험했을 '감각'을 다루었다"라고 분석했는데, 과연 그런 듯했다. 아빠가 자신을 걱정하느라 울었다는 게 신기하기도 하고 좋기도 한 듯 운전석을 힐끔 볼 때나 친구한테 화가 나 있으면서도 친구가 자신을 떠날까 봐 못내 불안한 마음을 드러내지 않으려 애쓸 때, 혹은 한낮에 음악을 틀어놓고 춤추다 이내 악 쓰듯 방방 뛸 때, 아이의 내면이 손으로 만져지듯 전해져왔다. 특히 학원 한문 강사인 영지 선생님을 향한 선망이 그랬다. "선생님 퇴근하실 때까지만 여기 있어도 돼요?"라고 묻던, "선생님이 너무 좋아요" 하며 힘을 다해 끌어안던, 명작전집 가운데 선생님이 좋아할 만한 책을 고르던, 떡보자기를 품에 안고 선생님을 만나러 가던, 그런 순간순간의 감정. 그게 무엇인지 알 것 같았다.

여러 인터뷰에서 감독은 〈벌새〉가 자전적인 이야기를 반영한 영화라고 밝힌 바 있다. 그가 청소년기의 여러 해 가운데 하필 1994년의 기억을 길어 올려 복원한 것은 그해 여름 병원에 입원한 적이 있어서, 혹은 그해 가을 큰 다리가 무너져서가 아닌 듯했다. 그 순간들을 그토록 세세히 기억하는 이유는 바로 그해 영지 선생님이라는 한 어른을 알게 되어서일 것이다. 짐작건대 그 미소한 기억들은 흙더미 속에서 "제 삶도 언젠가 빛이 날까요?"라고 묻던 한 아이를 이토록 반짝이는 영화의 감독으로 만들어주었을 테다. 생의 어느 시절에 만난 나의 홀레 아주머니들이 내게 그리 해주었듯이 말이다. 언젠가 나 또한 누군가에게 그런 어른이 되어줄 수 있기를 그날 밤 잠자리에서 기도했다.

그러고 나서 며칠 후, 수업 도중 어떤 일이 발생했다.

내가 지닌 결함으로 인해 도리어 타인의 빈틈을 한층 세심하게 알아차리고 보듬을 수 있을 거라고, 그리하여 싱그러운 젊음의 틈새에 숨어든 몇 안 되는 그늘진 얼굴들을 누구보다 먼저 찾아내어 다독일 거라고 항상 생각해왔다. 그날 수업에서의 돌발 상황은, 저 다짐이 어디까지나 적당하고 안전한 사회적 테두리 안에서만 가능했음을 깨닫게 해준 사건이었다. 테두리를 부수고 들어온 한 학생의 거센 말과 돌출 행동에 나는 몹시 당황했고, 이내 화가 났으며, 종국에는 강의실 들어가기가 두려웠다. 그게 빈틈임을 알아차리고도 보듬어주지 못했다. 그늘을 보고서도 다독일 마음을 더는 갖기가 어려웠다.

여러 날 동안 고민하다 다른 수업에서 그 학생을 가르치는 선배 선생님을 찾아뵈었다. 그때껏 교내 행사 외의 자리에서는 따로 이야기를 나눠본 적이 없었지만 이 일을 상의할 대상은 그분이라고 여겨졌다. 선생님은 내 이야기를 가만히 끝까지 들으신 후 그동안 힘들었겠다고 다독이지 않으셨다. 어떻게 하면 좋을지 곧바로 조언해주시지도 않았다. 대신 그 학생을 그간 지켜보며 느껴온 바를 말씀하셨다. '특별함'을 '부담스러움'으로 치부하며 치워버리곤 하는 지금 이 세상에서, 우리 둘이라도 학생을 온전히 이해해보자고 하셨다.

혹시 나의 교육자적인 미숙함과 심약함을 질책하는 말인가 싶어 지레 방어적인 태도를 보이자 "아니, 그건 이 교수가 그 학생을 잘못 본 거"라고 단호히 반박하셨다. 보통 이런 상황이라면 선생 편을 들며 짐짓 동조해줄 법했지만 그렇게 하지 않으셨다. 후배 교수한테 어떤 직장 선배로 보이는지보다 학생의 상처를 들여다보고 귀 기울이는 것이 더 중요하다고 여기신 듯했다. 순간 생각했다. 그 학생에게는 이분이 바로 영지 선생님이구나. 내 편이 되어주지 않아서 서운한 마음 대신 가슴 깊숙한 데서 안도감이 솟았다. "감사합니다." 고개 숙여 인사드렸다.

〈벌새〉에서 은희는 직감적으로 아는 듯했다. 주위 사람들 가운데 영지 선생님에게만큼은 마음 누일 수 있을 것임을. 살고 싶고 또 사랑받고 싶어서 아이는 그녀에게 매달렸다. '저 좀 봐주세요' 하면서. 어쩌면 그날 내가 이해하지 못했던 학생의 말과 행동은 내게 타전해온 '힘들어요', '제 얘기 좀 들어주세요'라는 신호였을지 모르겠다. 당시 난 좋은 선생 시늉하면서 뭐든 받아줄 것 같은 제스처를 취했지만 막상 그럴만한 그릇은 갖추지 못했던 것이다. 그릇이 고작 그 정도밖에 안 되었던 스스로를 책망하진 않겠다. 현재 그 학생에게는 그만의 영지 선생님이 계시고, 나는 그분 앞에서 변명하는 대신 감사한 마음을 품었으니 거기에 희망을 두려한다.

한때 은희였던 내가 누군가의 영지 선생님이 '정말' 되어줄 만큼 준비된 미래의 어느 시점에, 세상의 은희들이 이를 알아보고 주저하지 않고 다가와 매달릴 수 있도록, 내면의 얼굴이 너무 때 묻지 않은 채 나이테를 더해가고 싶다.

※

귤 몇 개와
치즈빵 한 덩이

　　　　　직장 근처에 거주하는데 중산간 지대여서 장
볼 데가 마땅치 않다. 주말이면 버스 타고 아랫마을로 내려
가 식재료를 이것저것 사들고 온다. 그 토요일 오후에도 그
랬다.

　마트에서 채소와 두부, 참치캔 등을 산 후 단골 빵집에 들
러 다음 날 아침에 먹을 둥그런 치즈빵을 하나 집어들었다.
점심을 거른 터라 근처 백반집에서 두부부침도 포장했다. 고
소한 기름 냄새를 풍기는 부침개와 빵 봉투를 들고 버스를
타면 다른 사람들에게 민폐일 것 같아 카카오택시를 호출했
다. 잠시 후 택시가 도착했는데, 조수석에 웬 아주머니가 타
고 계셨다. 설마 이게 말로만 듣던 2인조 택시 강도단인가

싶어 긴장했으나 기사님이 아내라고 소개하면서 일행이 없다면 함께 타도 괜찮을지 조심스레 물으셨다.

"간만에 우리 애 어멍한테 캠퍼스 드라이브 시켜줄 겸 태워수다." 그 말에 아내가 손을 내저으며, 실은 자기가 우울 증세가 심해져 기분 전환할 겸 남편과 함께 다닌다고 설명했다. "우울증 이야기는 밖에서는 하지 말라게." 만류하는 남편의 어깨를 쓸며 뒷좌석의 내게 부탁했다. "저 때문에 이 사람이 이렇게 애쓰니 민폐여도 좀 이해해줘요."

하나도 민폐가 아니라고 나는 답했다. 잘 모르면서 부럽다거나 아름다워 보인다고 말하면 결례일 것 같아 단어를 고르고 고르다 "예전에는 택시 합승도 많고 그랬는데요"라고만 덧붙였다. 기사님은 합승을 아는 걸 보니 손님도 겉보기보다 연식이 있는 모양이라며, 혹시 학생들 가르치는 사람이냐고 물었다. 그러고서 우리 대학 뒤편 옛 화장터에 출몰했다는 귀신 이야기를 들려주었다. 나도 맞장구치면서 어느 선배 선생님이 십수 년 전에 경험했다는 한밤의 도깨비놀음이며 그간 주워들은 학교 괴담 몇 편을 전해드렸다. 겨울 숲길을 달리는 택시 안에서 그렇게 무서운 이야기를 주고받자니 어릴 적 친구네 작은방에서 이불 뒤집어쓰고 '오싹오싹 공포 체험'과 '강시' 시리즈를 읽던 기억이 떠올라 정다웠다.

아주머니도 비슷한 마음이었는지 원래 이런 얘기는 온돌방에 둘러앉아 귤 까먹으며 해야 제맛이라며 조수석 서랍에서 귤을 몇 개 꺼내어 주셨다. 답례로 나는 품에 안고 있던 빵 봉투를 내어드렸다. 내일 아침에 데운 우유와 함께 드시라면서.

이튿날 일어나 귤껍질을 깠다. 싱그러운 감귤 향을 맡으며, 이 섬 어딘가에서 우유와 치즈빵으로 아침 식탁을 차리고 계실 기사 부부를 잠시 상상했다.

《백의 그림자》(황정은, 2010)라는 소설에는 삶의 무게를 견디지 못해 그림자가 일어선 사람들이 등장한다. 생존을 위해 '필연적으로' 빚을 진 난로상의 그림자가 솟아나고, '피해자인 척하지 마라'는 힐난을 들은 기러기 아빠의 그림자는 아파트 13층 창문을 오른다. 산업재해로 남편을 잃은 여성의 그림자는 말할 입마저 잃은 채 무기력하게 팔락인다. 저마다 다른 크기와 모양의 백 가지 그림자를 등에 업은 이들은 상대방의 상처를 알아보고 서로에게 귀 기울인다. 그리고 무언가를 함께 먹는다. 도련님 도시락과 팥빙수를 먹고, 뜨거운 팥죽을 나누고, 데운 정종을 마신다. 머리를 맞대고 앉아 닭튀김을 뜯고, 메밀국수를 말아낸다.

여럿이 둘러앉아 음식을 먹는 식탁이 방역을 위협하는 감염 경로가 된 지 이미 한참 되었다. 물리적 거리 두기에 수반될 관계적 거리를 우려하는 게 사치일 만큼 많은 이의 삶이 무너져 내렸다. 생계 기반을 잃은 누군가의, 자신을 갈아 넣는 근로 조건에 갇힌 누군가의, 자가 격리가 가능한 최소한의 주거 여건조차 갖추지 못한 누군가의 그림자는 언제고 계속 일어설 것이다. 전문가들이 내놓는 분석과 전망에 서툰 한 줄을 보태지 못하겠다. 그럴듯한 인문학적 위로도 못 건네겠다. 다만 귤 몇 개와 치즈빵 한 덩이를 나누어 가졌던 그 오후를 떠올려본다. 성냥팔이소녀가 켠 성냥처럼 지속 가능하지 못한 찰나적 온기에 불과할지언정 별것 아닌 순간들의 온기가 우리의 매일에 '하나 더' 주어지면 좋겠다.

2

우리를
지탱해주는 것

누구나 갖고 있을 것이다. 자신에게만 고유한 의미를 갖는

어떤 선율, 어떤 장면, 어떤 냄새나 맛을.

생을 그만두고 싶은 순간이 찾아들 때 그 기억이

수호천사처럼 그대에게 깃들어

다음 걸음을 떼어놓게 해주기를 빈다.

우리를
지탱해주는 것

그 교과목은 3학년 전공 필수였고, 그 선생님의 수업은 다른 학과 학생들도 앞다투어 신청하는 강의로 정평이 나 있었다. 당시 나는 수강 신청 마감 30분 전에 남은 과목 아무거나 입력해 넣는 한심한 부류의 학생에 속했다. 그러니 학부 시절 내내 그분의 강의를 수강하지 못했다. 가르치는 모습을 먼발치에서 훔쳐본 경험만 있다. 학생회 선거 유세를 돕기 위해 강의실 바깥에서 수업 끝나기를 기다리다가 문틈으로 우연히 본 것이다. 비스듬한 어깨로 교탁에 팔을 기대고서 카랑카랑한 목소리로 뭔가 설명하고 계셨는데, 그 모습이 기억에 깊이 남았다. 학자의 카리스마란 저런 것이구나, 혼자 생각했다.

나중에 대학원에 진학했을 때였다. 밤에 행정 조교실에서 공부하고 있는데 전화벨이 울렸다. 수화기를 들자마자 "니들은 무슨 일을 이렇게 하나?"라는 격앙된 목소리가 들렸다. 강의실 배정표가 잘못되어 선생님이 수업하실 교실이 겹쳤던 모양이다. 조교실장 당장 올라와보라 하시는데 조교실장은 귀가한 뒤였고 거기엔 나밖에 없었다. 겁을 집어먹고 찾아뵈니 선생님은 그새 화가 풀려 있었다. "몇 학번이냐? 내 수업은 언제 들었지?"라고 물으시는데 차마 수업을 한 번도 안 들었다고, 그 이유가 수강 신청을 대충해서였다고 밝힐 순 없었다. 그랬다간 다시금 분노가 점화될 것 같아 적당히 수업 들은 시늉을 했다. 거짓말이 들통날까 봐 조마조마했다.

　몇 주 후 복도에서 선생님과 마주쳤다. 꾸벅 인사하는 나를 불러 세우며 "네가 법문학을 공부한다는 이소영이구나?" 하셨다. 내 지도교수님한테 논문 주제에 관해 들었다고, 당신 또한 문학청년이었다며 이런저런 작가의 소설을 읽었냐고 물으셨다. 그중 둘은 별로 안 좋아하는 작가였고, 다른 한 명은 아예 모르는 작가였다. 대답도 못한 채 우물쭈물 서 있으니 언제 한번 연구실로 찾아오라고 하셨다. 혹시 아직 공부 안 한 내용을 물어보시면 어쩌나 두려웠던 나는 선생님 연구실 앞을 지날 때마다 종종걸음을 했다.

그러다 몇 해가 지났다. 그해의 마지막 눈이 내리던 어느 초봄, 선생님의 부고를 들었다.

내가 그분을 기억하는 내용은 이렇듯 사소한 것들이다. 편찮으셨다는 것도 전혀 알지 못했다. 수많은 기억을 나누어 가진 사람들의 상실감 앞에서 내게 허락된 애도라곤 고작 "난 또 (동명이인인) 배우 ○○○가 죽었나 했지"라고 떠들던 철없는 1학년 녀석들의 뒤통수를 성난 눈으로 노려보는 정도였다. 세부 전공도 다른 데다 아직 학생인 내가 조문 가면 '나대는' 것으로 보이지 않을까 망설였다. 그러다 발인 전날 밤 문득, 선생님을 마지막으로 복도에서 뵌 날이 떠올랐다. 그때 해주신 말이 기억났다.

나는 의자에서 용수철처럼 튀어 올라, 문상 복장도 안 갖춘 채 캄캄한 밤길을 달려 대학병원 장례식장으로 향했다. 숨이 턱까지 닿아 도착해서야 내가 조문 예절을 모른다는 것을 깨달았다. 백합꽃을 한 손에 쥔 채, 한쪽 무릎을 세우고 두 손을 제비처럼 옆에 모으는 절을 한 것이다. 뭔가 실수했음은 문 앞 선배들의 표정을 보고 바로 알아차렸다. 평소였다면 창피해서 자책하며 잠 못 잤겠지만 그날은 아무렇지 않았다. 남들 눈에 우스꽝스럽게 보였겠지만 상관없었다. 마지막 인사를 드렸으니 다행이라는 마음뿐이었다. 어느덧

10여 년 전의 일이다.

선생님이 복도에서 하신 마지막 말씀은 이랬다. "네가 학자로서 어떻게 커나갈지 내가 지켜보고 있다." 나는 어떻게 커가고 있을까. 지금 모습을 보신다면 어떤 마음이실까, 이따금 생각해본다. 그럴 때면 지치고 닳은 상태로도 스스로를 지탱하며 걸음을 떼어놓게 된다. 들인 공에 비해 연구 성과가 만족스럽지 않을지언정, 계속 읽고 쓰고 배우며 가르칠 기운을 차리게 된다. 때로는 과분하게 자신을 잘 봐주었던 과거의 누군가를 떠올리는 것이 우리를 지탱해준다던 어느 지인의 말처럼 말이다.

어쩌면 선생님은 나에게 어떤 말을 해주셨는지도 잊었을지 모르지만, 언젠가 천상에서 다시 뵈면 "감사합니다!"라고 인사드리고 싶다. 그러고서 "가만있자, 네가 누구였더라?" 하시기 전에 얼른 쌩 도망쳐야지.

나의 서양배와
슈파겔

　　마르셀 프루스트의 소설《잃어버린 시간을 찾아서》에 이런 장면이 나온다. 어느 추운 밤, 어깨가 처진 채 귀가한 주인공이 마들렌 과자 한쪽을 홍차에 적셔 먹는다. 순간 그는 어릴 적 일요일 아침 고모할머니가 스푼으로 떠서 입에 넣어주던, 보리수차에 적신 마들렌의 미각을 떠올린다. 동시에 당시 광장이며 오솔길, 마을과 정원이 형태와 견고함을 갖추며 찻잔에서 솟아남을 느낀다. 지금은 너무 유명해진 이 장면은 여러 저술에서 언급되었고, 그중 하나가 오카 마리의 연구서《기억 서사》다. 저자는 마트에서 사온 서양배 주스를 컵에 따라 한 모금 넘기는 순간, 오래전 이집트 유학 당시 하숙집 아주머니가 후식으로 내어주던 서양배의 미각과 더불어 한 시절이 또렷이 복각되던 경험에 관해 말한다. 개인적으로는 이 일화가 마들렌 예시보다 더 와닿았는데, 서양배라는 소재 때문이었다.

대학원 시절, 같은 연구실 선배가 구동독 지역으로 유학을 떠났다. 나이 터울이 많아 재학 시기가 겹치진 않았으나, 학부생이 올려다볼 대학원생의 지적인 포스를 가진 그가 사형(師兄)임이 남몰래 자랑스러웠다. 사람이 멋있으니 그가 택한 낯선 구동독 지역도 어딘가 근사하게 느껴졌다. 생경한 이름의 그 도시로 가면 다들 선배처럼 낡은 외투 걸치고, 까슬까슬 야윈 얼굴로 소리 없이 파 웃으며 맥주잔을 기울일 것 같았다.

언젠가 국내 논문 자료가 필요하다고 해서 구해 보내드렸더니 답장에 "배 삼형제"란 제목의 사진이 첨부되어왔다. 날마다 도서관에서 돌아오는 길에 서양배 몇 알을 사서, 저녁식사 후 룰루랄라 깎아 먹는다고 했다. "그게 요즘 유일한 낙"이라며. 그 담백한 어조도 괜히 좋았다. 한참 지나 다른 나라에서 맛본 서양배는 단감과 무를 섞은 듯 묘한 식감에 달지도 새콤하지도 않았지만 종종 사서 깎아 먹었다. 그때마다 상상 속 구동독 지역의 도서관과 과일가게, 그리고 고단한 얼굴로 과일 깎는 선배의 모습이 눈앞에 그려졌다. 서양배는 보통 영국배(English pear)라 불리고 내가 그걸 처음 먹어본 나라는 프랑스였지만, 나에겐 '독일'이란 단어와 유사한 온도와 빛깔을 지닌 낱말이 되었다.

여러 해가 흘렀고, 바로 그 독일의 한 대학으로 학생들을 가르치러 가게 되었다. 도움을 주신 선생님께 출국 인사를 드릴 겸 연구실로 찾아갔다. 이런저런 조언을 하던 그분이 문득 생각난 듯 하얀 아스파라거스 시즌이 곧 시작될 텐데 아주 맛난 계절채소이니 꼭 먹어보라고 하셨다. 독일어로 슈파겔이라 부른다. "이소영 선생 요리 실력은 안 봐도 짐작되지만 물에 데치기만 하면 된다"고 하셨다. 도착한 첫 주에 장을 보러 갔는데, 과연 슈파겔(Spargel)이라 적힌 푯말 아래 '마'처럼 생긴 하얀 채소들이 쌓여 있었다. 한 봉지 사서 데친 다음 얇은 껍질을 벗겨 속살을 베어 물었더니, 그냥 파 줄기 맛이었다. 소금을 치고 버터를 녹여 넣어도 대파의 흰 줄기 맛만 났다. 그 채소와 황금궁합이라던 어떤 소스를 곁들이니 이번에는 느끼한 파 줄기 맛이 났다.

그럼에도 시장에 갈 때마다 장바구니에 그걸 담곤 했다. 외워둔 강의안을 잊어버려 정전 같은 정적이 흘렀던 첫 수업 날에, "시신을 염하다"를 '솔트'란 단어로 표현해버렸던 부끄러운 날에, 수업 준비하다 지쳐 뒷산 양 떼 사이에서 울었던 날에, 늦은 밤에 귀가해 철 이른 슈파겔을 먹었다. 베를린 필 연주회 보러 가려고 푼푼이 모아둔 돈을 털어 한국으로 면접 다녀온 밤과, 그로부터 일주일 후 지구 저편에서 "축하합니다"로 시작되는 메시지를 받고 해처럼 웃었던 이른 새벽에, 이번에는 통통해진 제철 슈파겔을 먹었다. 그리고 학생들이 주먹으로 책상을 탕탕 두드리는 게르만식 박수를 쳐준 종강 날 저녁, 마침내 삭아서 보드라워진 끝물 슈파겔을 먹었다.

누군가에게 선물한 음악은 그로 하여금 날 기억하게 만드는 반면 책은 내가 상대를 기억하는 매개체가 된다고 어느 작가가 썼다지만, 기억은 매개체가 무엇인지에 따라 달리 남는 건 아니라고 생각한다. 좋은 사람과 고마운 사람은 음악이나 책뿐만 아니라 과일이나 채소 안에서도 아련한 한 시절이 형태와 견고함을 갖추며 솟아나게 할 수 있다. 내게 서양배와 하얀 아스파라거스가 그랬던 것처럼.

내가 나여서
좋았던

키스 자렛이라는 피아노 연주자가 있다. 어떤 경로로 그의 음악을 접했는지는 기억이 가물가물하다. 다만 〈쾰른 콘서트〉라는 제목의 즉흥연주를 처음 들은 순간은 기억난다. 학부 졸업을 한 학기 앞두고 휴학 중이던 여름, 아르바이트를 마치고 한남역에서 전철을 기다리고 있던 저녁이었다.

스물세 살의 나는 다른 건 몰랐고 두 가지만 알았다. 사법고시 준비만큼은 싫다는 것과, 그렇다고 사회운동가로 성장할 만한 그릇도 못 된다는 것. 세상을 바꾸려는 막연한 이상으로 학생회 언저리에 머물렀지만 힘을 보태고 싶던 이들에게 도리어 짐이 되었음을 여러 학기를 지내고서야 깨달았다.

그 시간 동안 수업을 제대로 챙겨 듣지 않았다. 그래놓고 전공이 나와 안 맞는다고 쉽사리 단정 지었다. 입시학원에서 파트타임으로 언어영역 가르치며, 좋아하는 기형도 시에 밑줄 쫙 그으면서 인문학을 공부하고 싶다고 막연히 생각했으나, 그래서 무얼 어떻게 하면 되는지 알지 못했다.

학원에서 나를 못마땅해하던 동료 선생님이 '어린 게 명문대 이름 걸고 깝죽댄다'고 힐난했지만 짐짓 못 들은 체했다. 집에 가면 딸의 머리를 모서리에 박아 깨뜨리고 '교수한테 몸 팔아 돈 버냐'고 하던 아버지가 있었지만 방세를 아끼기 위해 밤이 되면 귀가했다. 조금이라도 늦게 들어가려고 아무 골목에나 접어들어 이어폰 꽂고 오래 걸었다. 그때 세상은 단일한 회색 빛깔이었으나 음악 안은 달랐다. 거기 숨어들어 있을 때는 숨 쉴 것 같았다.

그렇다고 예술에 조예가 깊거나 취향이 뚜렷했던 것도 아니었다. 바흐의 〈마태수난곡〉을 듣다가 힙합을 이어 듣는 식이었다. 싫은 음악이 왜 싫은지 물어보면 답할 수 있었지만, 좋은 음악이 왜 좋으냐고 누가 묻는다면 그저 페르골레시는 페르골레시여서 좋고, 김동률은 김동률이라서 좋다고밖에 답하지 못했다. 느낀 바를 지금처럼 글로 옮겨 적을 수 있으리라는 생각은 못 했다. 그때껏 써본 글이라곤 선배들이 교정

보면 아예 다른 문체로 바뀌어 있던 대자보 문구와 마감일에 급조해낸 난삽한 수업 과제물이 전부였으니까.

하지만 난 한두 소절만 듣고 글렌 굴드가 치는 건반 소리를 알아들었다. 필리프 헤레베헤가 지휘한 미사곡에 감도는 경건함이 여느 지휘자의 해석과는 다르다고 느꼈다. 유희열이 작곡한 곡은 어느 가수가 불러도 '유희열 감수성'임을 곧바로 감지할 수 있었다. 또 아트록이라는 장르가 왜 '아트록'인지는 몰랐으나, 그렇게 분류되는 음악들이 동일한 장르로 놓이게끔 했을, 소리에 담긴 특유의 온기가 좋았다.

총 4부로 구성된 〈쾰른 콘서트〉의 제1부 마지막 몇 분에 이르렀을 때였다. 멀리서 전동차가 다가오고, 교복 입은 인근 오산고 학생들이 비를 피해 역전으로 밀려들었다. 땀 냄새와 비 냄새가 훅 끼쳐오는 그 자리에 서서 이어폰 안의 연주에 귀 기울인 채, 나는 시간이 이대로 멈추었으면 했다. 단순한 음률이 미세하게 즉흥 변주되며 고조되는 찰나, 연주자의 감정이 서서히 차오르는 찰나를 느꼈다. 온몸의 솜털 하나하나가 일어 그것을 오롯이 감지했다. 빗물에 구겨진 낡은 주름치마 입고도 난 세상 저편 어딘가로 펄펄 날고 있었다. 내가 다른 누구도 아닌 나로서 지금 이 선율을 느끼고 있음에 행복하다고 느꼈다.

영화 〈체리 향기〉(압바스 키아로스타미, 1997)에서 한 노인이 주인공에게 이런 이야기를 들려준다. 생을 그만두고 싶었던 수십 년 전의 이른 새벽, 참담한 마음으로 나무에 올라 밧줄을 매달던 중 손에 뭔가 만져졌다고 한다. "체리였죠. 탐스럽게 익은 체리였어요. 난 그걸 하나 따 먹었죠. 과즙이 가득했어요. 두 개 세 개를 먹었어요. 그때 산등성이에 태양이 떠올랐지요. 장엄한 광경이었죠. 그러더니 갑자기 학교 가는 아이들 소리가 들렸어요. 그 애들은 가다 말고 날 쳐다보더니 나무를 흔들어달라고 했어요. 체리가 떨어지자 애들이 주워 먹었고요. 난 행복감을 느꼈어요. 그러곤 체리를 주워 집으로 향했지요."

누구나 갖고 있을 것이다. 자신에게만 고유한 의미를 갖는, 내가 살아 있음을 충만히 느끼게 해준 어떤 선율, 어떤 장면, 어떤 냄새나 맛을. 생을 그만두고 싶은 순간이 찾아들 때 그 기억이 수호천사처럼 그대에게 깃들어 다음 걸음을 떼어놓게 해주기를 빈다.

언젠가
필요로 할 때

대학 시절 학원에서 수험생 가르치는 아르바이트를 할 무렵, 나를 무척 따르던 학생이 있었다. 그 애는 우르르 몰려다니며 유치한 장난이나 치던 또래 남자아이들과 어딘가 달랐다. 독일 성장 소설들에 묘사되는 예민한 소년성 자체였다고나 할까.

크리스마스엔 여느 학생들처럼 '수업 째고 놀자'고 조르는 대신 자신이 찍은 사진을 담은 액자를 선물했고, '쌤' 같은 줄임말을 쓰지 않고 또박또박 선생님이라고 불렀다. 또 자정 가까운 시각에 전화해서 자신의 철학적 고민들을 털어놓아, 심야 라디오를 들으며 우걱우걱 과자를 먹던 나를 당황하게 하곤 했다. 더욱이 고민의 8할은 내가 알지 못하는 심오한 불교 철학과 관련된 것이었으니 말이다. 그가 어릴 적 어머니를 여의었다는 사실을 알게 된 것은 한참 지나 수학 선생님과 다툰 후 학원을 그만둔 다음이었다.

그 후에도 우리는 이따금 만나서 이야기를 나누고 공부도 함께했다. 수능이 얼마 남지 않은 가을날, 그 애는 머뭇머뭇하더니 내게 소원을 하나 들어줄 수 있느냐고 물었다. 절에 같이 가자는 것이었다. 자신은 불교 '철학'에 심취해 있으며 이론적으로만 매료된 것이라고 강조했지만 시험을 앞두고 마음을 기댈 데가 필요했던 것 같다. 그 무렵 내가 능수능란한 어른인 척했으나 수업 준비를 조금 덜 해온 날엔 칠판 앞에서 목소리가 떨리던 스물두어 살이었듯, 그 친구 역시 조숙한 티는 냈으나 아직 열아홉 살 아이였던 것이다.

그리하여 어느 토요일 오후, 우리는 종로 한 골목에 위치한 큰 절을 찾았다. 불국사나 석굴암 같은 유적지가 아닌 일반 사찰에 들어가 본 것은 그때가 처음이었지 싶다. 대웅전 한가운데 인자하게 미소 짓는 부처님 앞에서 그 애는 철학에의 심취는 다 어디로 갔는지 합장한 후 곧바로 큰절을 올리기 시작했다. 그러다 한참 지나서야 곁에 엉거주춤 서 있는 내가 마음 쓰인 모양이었다. 내가 베로니카라는 가톨릭세례명을 갖고 있음을 그 친구도 알고 있었고, 그래서 함께 절하자는 말은 차마 못 꺼내는 듯했다. 하지만 눈빛은 '우리 부처님에게 선생님도 큰절 올리면 얼마나 좋을까'라고 말하고 있었다.

나는 불상 앞에 일단 엎드렸다. 부처님한테 절하는 법도 몰라서 이른바 명절 세배 절을 하다가 주위 신도들을 훔쳐보며 얼른 자세를 수정했다. 손바닥을 받쳐 머리 위로 들어 올린 후에는 각도가 적당한지 살피느라 두리번거렸다. 그 모양새가 어찌나 어설프고 우스웠던지, 참선 중이던 스님이 놀라서 고개를 치켜드셨다.

말하자면 나는 이방의 신에게 절을 올린 셈이었으나, 그날의 행동이 잘못되었다고는 생각하지 않는다. 학교 선생님도 아닌 그저 아르바이트생 누나였을 뿐이지만, 고3 수험생을 살뜰히 챙겨줄 엄마가 없는 그 친구에게 필요한 위로를 한 줌 더해줄 수 있다면 천수관음한테라도 당장 엎드릴 수 있었다. 같이 절을 하니까 그 애가 어찌나 좋아하던지. 그 순간, 내가 믿고 사랑하는 신 역시 거기서 함께 싱긋 웃고 계셨으리라 생각한다. "나는 질투하는 하느님"(탈출기 20:5)이라며 잠시 토라진 척은 하셨을지라도 말이다. 두 분이서 이렇게 귀엣말을 주고받았을지도 모르겠다.

"쟤 좀 보세요. 내 앞에선 꾸벅꾸벅 졸기나 하더니 여기 와

서 넙죽 절하는 폼하고는."(예수님)

"하하, 그게 다 제 백만불짜리 미소 덕분이지요. 그리고 저처럼 귀가 크면 인복이 많은 법이랍니다."(부처님)

그해 원하는 대학에 합격한 아이는 절에 함께 가주어 고마웠다고 말했다. "부처님이 내가 절하는 폼 보시고 돌아앉으셨을 것 같은데?"라며 웃었더니 진지한 얼굴로 이렇게 말했다. "언젠가 선생님이 필요로 할 때, 저도 성당에 가서 선생님의 예수님한테 기도할게요. 꼭이요."

말만 들어도 고맙다며 웃어 넘겼지만, 살면서 때때로 그약속이 떠오른다. 그럴 때면 마치 결정적인 찰나에 쓰라며 건네받은 묘약을 옷섶 안에 숨겨둔 옛날이야기 주인공마냥 마음이 든든해진다. 꼭 필요한 어떤 순간에 나를 위해 미사에 참례해줄 신실한 불자가 지금 어딘가에서 삶을 꾸려가고 있으리라 상상하면 말이다. 부처님 오신 날을 앞두고 거리 연등 장식을 구경하며, 내밀히 품고 있던 '기도 찬스'의 기억을 끌러보았다.

그럼에도
불구하고

갓 박사 학위를 받은 후 여러 대학을 돌아다니며 시간강사로 일하던 때였다. 종강하던 날 강의실을 나서려는데 한 학생이 머뭇머뭇 다가오더니 앙증맞은 스티커가 붙은 편지 봉투를 교탁에 올려놓았다. 그러고서 야구 모자를 푹 눌러쓰고 후다닥 나갔다.

익명의 편지는 "선생님 덕분에 요즘 데리다를 읽게 되었습니다"라는 문장으로 시작했다. 데리다는 수업 시간에 몇 번 다뤘던 책《그라마톨로지》와《법의 힘》의 저자다. 학생은 법학에서도 그런 접근이 가능하다는 게 경이로웠다고 했다. 덕분에 적성이 아니라 여겼던 전공에 흥미를 되찾았으며, 향후 대학원에 진학해 법철학을 공부하고 싶다고도 했다.

그런데 고백하자면 나는 데리다 이론에 정통하지 않았다. 그의 난해한 저작들을 완독하지도 못했다. 2차 문헌들과 해설서를 읽고 얻은 얕은 지식을 서툴게 전달했을 뿐이다. 그러니 자아성찰하며 도서관으로 곧장 가서 공부에 매진함이 옳았지만, 마음이 붕 들뜬 나는 버스를 갈아타는 것마저 잊고 구시가지 번화가로 갔다. 시간강사에게 도래할 '방학 보릿고개' 걱정은 잠시 접어둔 채 근사한 디저트 가게로 들어가 산딸기초코케이크와 탄산수를 사먹었다.

난 고작 그 수준의 초보 선생이었다. 당시 학생 눈에 비친 내 모습은 나의 허영과 허식이 상대방의 선망과 어우러져 빚어낸 허상이었을 가능성이 크다. 하지만 허상에 대한 그 학생의 신뢰 덕분에 나는 한심하고 미숙한 상태로도 고단한 여정을 계속해나갈 힘을 한 줌 얻어 가질 수 있었다.

영화 〈포도나무를 베어라〉(민병훈, 2007)에 이런 장면이 나온다. 시골마을의 작은 예배소를 방문한 수도원 신부가 힘겹게 투병 중인 어린아이에 대해 듣는다. 아이 어머니의 간청에 못 이겨 아이의 머리에 손을 얹고 기도해주며 그는 줄곧 불편하고 어색한 표정을 짓는다. 아이가 힘겹게 눈을 뜨고 손을 내밀어 잡자 당황한 듯 손을 슬며시 빼낸다. 아이와 아이 어머니는 '우리 신부님'이 하느님을 대리하여 병을 치유해주길 소망하지만, 그는 자신의 손이 매일 밤 벽장 속 포도주를 꺼내 들이켜는 외로운 중년 사제의 그것임을 알고 있었기 때문이다. 그랬기에 부담스럽고 부끄러웠을 것이다. 모녀에게도, 그리고 신에게도.

하지만 사경을 헤매던 꼬마를 두 번째로 방문한 신부는 이번엔 아이의 손을 뿌리치지 않고 꼭 잡아준다. 그새 특별한 계기라도 있었던 것일까? 아닌 듯했다. 가정방문 직전에도 남몰래 미사용 포도주를 허겁지겁 들이켜지 않았던가. 여전히 그는 부끄러운 손을 가졌으며, 여전히 모녀는 그에게서 신의 손길을 기대했다. 하지만 어쩌랴, 문득 그런 생각을 했던 건 아닐까. 이렇듯 한심하고 불완전한 존재로도 누군가에겐 신의 사랑을 전할 수 있다는 사실. 그건 그가 자기 한계를 알면서도 사제의 길을 계속 걸어가게끔 하는 동인이 되었으리라.

얼마 전 모르는 분에게서 편지 한 통을 받았다. 봉투를 열자 종이 석 장에 또박또박 눌러쓴 글씨들이 보였다. 우연히 내 글을 읽은 후 식탁보로 쓰라고 내어준 신문지를 매일 훑으며 다음 글을 기다렸다고, 한 달에 한 번꼴로 연재된다는 걸 알게 되어 매달 선물 받는 기분이었다고, 그래서 참 고맙다고 말씀하셨다. 편지는 교도소에서 보내온 것이었다.

그분은 모르실 거다. 글쓴이가 얼마나 얕고 나약한 사람인지. 갖가지 예쁜 단어를 끌어와 그럴싸하게 단장한 글 속의 나와 실제의 나는 얼마나 다른지. 그날 우편함을 확인하기 직전까지도 사소한 일로 주변인들에게 얼마나 고집스럽고 속 좁게 굴었는지. 그래서 부끄러웠지만, 그렇기에 그만해야겠다는 생각은 안 했다. 이토록 한심하고 불완전함에도 누군가에게는 '별것 아닌 것 같지만 도움이 되는' 무언가를 만들어 전할 수 있다면, 그게 내가 지닌 쓸모 중 하나라면, 나는 쓸 수 있을 때까지 계속 글을 쓰고, 더욱 마음을 담아서 쓸 것이다.

처음으로
말을 놓을 때

나는 사범대학에 재직하고 있다. 법학 과목을 담당하는지라 학생들에게 '법교수님'이라 불린다. 쑥스럽긴 해도 내심 싫지 않다. 전국 대학교원 가운데 김 교수님 아닌 분의 절반 이상은 이 교수님일 테지만, 법교수님이란 별칭을 가진 이는 (법학 전공 교원이 한 학과에 한 명인) 사회교육과 아니면 드물 테니 말이다.

부임한 지 얼마 안 되어 학과 MT 지도교수로 따라갔을 때였다. 학생들과 친해지고픈 조바심에 일주일 전부터 밤마다 이불 뒤집어쓰고 혼자 게임을 연마했다. MT 당일에 난 호기롭게 조별 놀이판으로 뛰어들었고, 그 결과 내가 들어간 조마다 흥이 깨졌다. 경직된 포즈로 놀 줄 아는 시늉을 하던 신입 선생님이 옆 조로 옮겨가면 그제야 가라앉은 분위기가 슬며시 되살아났다. 시무룩해진 나는 쪽방에 웅크리고서 다른 교수님들이 돌아가자고 하시기만을 기다렸다.

　그리고 몇 계절 지나서였다. 복도를 걷다 저편의 학생들을 향해 "안녕하세요?" 인사하자, 옆에 계시던 같은 학과 선배 교수님이 "아직도 말 안 놓으셨어요?"라고 물었다. 대학원 아닌 학부에서는 학생들이 불편해할 수 있으니 말을 놓는 게 어떻겠느냐고 조심스레 조언하셨다. 나 역시 고민하던 문제였기에 그 충고가 마음에 남았다.

　어떤 관계에서든 반말을 해야 가까워진다고 믿는 것은 물론 아니었다. 서로 존칭하면서도 얼마든지 거리를 좁힐 수 있다. 문제는 내 경우 소신을 지키고자 '안' 놓는 게 아니라 용기가 없어 '못' 놓고 있었다는 것이다. 모종의 교육 철학으로 경어를 고수하는 것이라면 일관성을 가져야 맞을진대, '-씨'라는 존칭은 내키지 않았던 것이다. 그러다 보니 아동연극풍의 말투가 되었다. "동환이는 어쩌다 발을 다쳤나요?" "다음 단락은 은희가 읽어볼래요?" "준서 시험 공부 파이팅 하세요!"

　그리하여 그 학기 중간고사를 기점으로 결심했다. 우리 학과 학생들에게 말을 놓기로. 3학년 지도 학생 면담 중에 처음 시도했는데, 생각보다 더 어색해서 대화가 툭툭 끊겼다. "이래야 가까워진대서…." 말끝을 흐리며 양해를 구하자 학생이 "그런 측면이 없지 않죠"라며 동조해주었다. 며칠 후 2학년 학생과 면담하면서는 오늘 내가 말을 놓을 거라 좀 어색할 수 있다고 미리 일러두었다. 그러자 학생이 다 안다는 표정을 짓는 게 아닌가? 드디어 법교수님이 말을 놓으려는 것 같다고 자기들끼리 이야기했단다. 3학년 선배들한테는 이미 하셨다던데 우리한테는 여전히 용기를 못 내시니 면담 시간에 네가 좀 도와드리라고 동기들로부터 임무를 부여받았다고 했다. 그러면서 진지하게 덧붙였다. "실수해도 되니까 저한테 연습하세요. 말 놓는 거요."

그날 오후에는 학과 대표가 무언가 상의하러 찾아왔다. 이야기를 마치고 연구실 문을 나서던 그 학생은 잠시 머뭇거리다 이렇게 말했다. "말 놓으시니까 훨씬 좋습니다." 하나도 안 어색하다고, 거리감이 줄었다며 싱긋 웃었다. 비록 어투는 군 복학생의 '다나까체'였지만 표정만큼은 그동안 내가 본 가운데 가장 자연스럽고 편안했다. 야트막한 벽 하나가 허물어지는 기분이었다.

왜 진작 말을 놓지 못했을까 싶었다. 그랬더라면 학생들과 더 빨리 가까워졌을 텐데. 그러다 문득 이런 생각이 스쳤다.

만일 내가 첫 학기부터 말을 놓고 MT 가서 게임도 엄청 잘하는 그런 선생님이었더라면 학생들과 나 사이에는 허물어질 벽 자체가 없었을 것이다. 벽이 처음부터 아예 없었다면, 그 벽이 허물어지는 순간의 기쁨 역시 느끼지 못했을 것이다. 경직된 경어체를 쓰며 분위기 망쳤다고 의기소침해했던 그 시간들을 아무튼 우리는 함께 보냈다. 우리 사이에 벽을 만들어냈을 어색한 순간들은 '관계의 역사'로 차곡차곡 쌓여, 도리어 그 벽을 깨고 서로에게 한 걸음씩 다가서게 한 동인이 되었던 것이다.

고작 말 놓는 것 갖고 별 생각을 다한다고 할지 모르겠다. 수많은 법적 쟁점들이 난무하는 세상에 법교수가 이런 일화나 끼적이는 게 부끄럽기도 하다. 하지만 관계의 벽을 만들었던 바로 그 기억들로써 도리어 벽을 허물어뜨리는 것은 경이로운 경험이었다. 훗날 나의 학생들이 사회 선생님이 되었을 때 그들 또한 어린 학생들과 그럴 수 있다면 기쁘겠다.

길게 내다봤을 때 축복인 지금

"어떤 선배들은 60만큼 알면 70을 말하시는 것 같은데요. 저는 60만큼 공부해도 40 정도밖에 이야기 못해요. 언니, 저같이 말주변 없는 사람은 공부 그만두어야 할까요?"

대학원 첫 학기 때였다. 세미나를 마친 후 의기소침해하던 내게 한 선배가 이야기해주었다. 굳이 70을 '말'하려 애쓰지 말고, 그 노력으로 80을 알기 위해 더 '공부'하라고. "60 알면서 70인 척하기보다는 아는 건 80인데 70까지만 보여주는 편이 낫지 않겠어? 그렇게 80, 90을 배워 알게 되면 언변은 저절로 따라오는 거야."

선배의 조언이 마음에 깊이 닿아 대학원 시절 행위방향을 설정하는 나침반이 되었다. 차츰 배움이 쌓이면서 선배 말대로 언변도 서서히 따라와주었다. 아는 만큼 쓰고, 쓴 만큼 말하게 된 듯했다. 그러다 언제부터인가 정확하게 알지 못하는 것을 입 밖으로 내기 시작했다. 앎은 90인데 100인 척 꾸며내려 했던 것이다.

논거의 미흡함 때문에 조마조마했는데 뜻밖에 칭찬을 들은 날이었다. 한 노학자는 발표문에 인용된 작품 제목을 따로 적어두시기도 했다. 생애 첫 해외 학술발표였고, 심지어 '공부벌레들의 학교'에서의 세미나였다. 나는 우쭐했다. 이젠 내공이 쌓여서 적당히 준비해도 그럭저럭 통하는구나 싶었다. 돌이켜보면 그 세미나는 친교적인 소규모 공부 모임이었고, 막내 연구원의 첫 발표였기에 다들 너그러이 듣고 덕담을 해준 것이었다. 그런데 내가 정말 잘해낸 줄 착각하고 말았다.

90이 80으로, 80이 70으로 퇴보했음을 깨달은 것은 몇 해 지나, 학위를 마치고 연구소에 재직하던 때였다. 공부한 걸 정리해 발표하는 자리에서 '논의가 흥미로워지려다 말았다'는 혹평을 받았다. 가까운 동료 한 분은 이 주제로 계속 연구할 생각이냐며 근심스레 물어왔다. 사실 새로운 글을 쓰다 보면 '망했구나' 하는 감이 올 때가 종종 있다. 그런 경우 스트레스야 받겠지만 결과물이 좋지 않다고 해서 힘들진 않다. 망할 것임을 이미 예감하고 있었으니까. 하지만 진실로 마음이 힘들 때는 나로서는 재미나게 읽고 공들여 준비하고 멋지게 발표하리라 생각했는데 결과적으로 망하는 상황이다. 머릿속에 근사한 논문 구상이 붕 떠올라서 입 밖으로 내어 놓는 순간 허술한 발상임이 자명해졌을 때다. 바로 그 세미나에서처럼. 충격이 컸다. 내공은커녕 이젠 노력해도 제대로 못하는 수준으로 전락한 걸까.

밤늦게 터덜터덜 퇴근하는 길에 연구소 조교와 잠시 이야기를 나누었다. 그는 며칠 전 석사 논문 예비 발표를 했는데, 심사위원들이 도무지 무슨 소리인지 모르겠다고 질책해서 충격을 받았다고 했다. 그동안 그가 얼마나 열심히 공부했는지 가까이에서 봐왔기에 마음이 아릿했다. 위로할 말을 찾다 "제 얘기 좀 해봐도 될까요?" 하고 운을 떼었다.

예전에 석사 논문을 선생님이 공저로 출간해주었을 때 '지도교수 성함 옆에 이름 박아 넣은 가장 어린 대학원생'이던 나는, 내가 제일 잘났고 나만 제대로 공부하는 사람인 줄 알았다고. 그런데 돌이켜보면 대학원 시절 한 번 정도는 크게 깨졌어야 했다고. 만일 그랬더라면 지금쯤 한결 진중한 공부 습관과 담백한 문체를 갖게 됐을지도 모르겠다고 말했다. 그러다 혹시 이런 게 '나 때는 말이야'인가 싶어 미안해졌다. 서둘러 가방을 챙겨들고 나가는 내게 그가 선한 눈매를 반달처럼 만든 채 웃으며 말했다. "그러니까 제가 지금 깨진 게 길게 내다보면 축복이란 거죠?"

당시 가졌던 문제의식에 착안해 몇 해 동안 읽고 쓰고 또 고쳐 쓴 논문을 원하던 학술지에 투고했다. 긴 심사를 거쳐 '게재 확정(accepted)'이라 적힌 이메일을 지구 저편에서 받아든 날 깨달았다. 혹평을 듣고 자책했던 그 순간은 바로 나 자신한테도 '길게 내다봤을 때 축복인 지금'이었음을.

그 교훈으로 현재 100을 코앞에 두고 정진 중이냐고 묻는다면, 아쉽게도 아니다. 가까스로 공부를 한 단계 진전시키고, 그걸로 칭찬 좀 들으면 마음이 고래처럼 춤추고, 잠시 풀어져 있다 정신 차려 보면 어느새 60이고 그렇다. 공부하고 가르치는 일이 직업인 나는 아마 평생 저 루틴을 반복할 듯하다. 적당히 해도 통하는 내공 같은 건 훗날 중진이 되고 원로가 돼도 생기지 않을 테니까. 연구자로서의 재능이 기대하던 만큼 탁월하지 않음을 이제는 안다. 다만 60이면서 90인 척 속이지 않는 정직함과 70, 80을 다시금 채워가는 지난한 길에서 이탈하지 않는 묵묵함을 지니려 한다. 길게 내다봤을 때 축복인 지금이 우리에게 항상 열려 있기를.

그 지점에
다다를 때까지

내 연구실 대각선 위치에는 임용시험 준비실과 열람실이 있다. 때때로 저녁까지 학교에 남아 있음을 아는 학생들이 공부하다 질문하러 찾아오기도 한다. 두 번째 학기부터 한두 명씩 조심스레 문 두드리더니, 2년차 즈음해서 제법 여럿이 들르게 되었다. 학부 시절 모범생과는 거리가 멀었던 나는 교수님들을 따로 찾아뵙고 질문한 적이 거의 없었다. 수업 시간에 쪽지시험만 치른 후 뒷문으로 살그머니 도망치려다 불려가 혼났던 기억 정도가 전부다. 그랬기에 스스럼없이 찾아와주는 것이 신기하고 좋았다. 아는 교수법을 동원해 이해할 때까지 설명하고, 밤참으로 먹으라며 내어줄 과자나 초콜릿을 서랍에 구비해두는 것도 잊지 않았다.

교편을 잡은 지 3년째 되던 가을, 중간시험 기간이었다. 당시 중요한 학술대회 발표를 앞두고 원고 쓰느라 며칠째 책상 앞에 붙어 있었다. 새벽녘에 귀가해 몇 시간 눈 붙이고 다시 출근하는 일상의 연속이었다. 초췌한 모습으로 그렇게 있다 보면 대략 한 시간 주기로 똑똑 노크 소리가 들려왔다.

물어볼 게 있으면 언제든 찾아오라 말해놓고도 막상 책상에 엎드려 졸다 깨어 빨갛게 자국 진 이마를 한 채 누군가와 마주 대하려니 편치 않았다. 집중해서 뭔가 쓰던 중 다른 내용을 한참 설명하고 나면 조금 전까지 머릿속에서 반짝이던 발상은 지워지고 없었다. 차츰 복도에서 발자국 소리가 들리면 마음이 산란해지고, 노크 소리에 표정이 굳었다. 아마 학생들도 느꼈을 것이다. 전날까지 상냥했던 선생님의 목소리에 피곤이 묻어나고, 어젯밤 "모르는 거 있으면 또 올게요" 했을 때 희미하게 웃던 선생님의 얼굴이 막상 찾아가면 종잇장처럼 구겨지는 것을.

결국 중간시험 전날, 최종 질문거리를 정리해온 학생에게 "내일이 시험인데 오늘 밤에 질문하는 건 좀 그렇지 않아?" 라고 날카롭게 반응하고 말았다. 그 친구는 당황하며 얼굴이 빨개진 채 죄송하다고 했다. 괜찮다고, 그냥 질문하라고 했지만 중요한 내용은 아니었다며 서둘러 방을 나갔다. 문 닫고 돌아서는데 마음이 좋지 않았다. 돌출적인 나의 반응이 부끄럽고 미안했다. 내가 날카롭게 굴었던 것은 시험 전날엔 질문을 받지 않는다는 원칙 같은 게 있어서가 아니었다. 애초 그런 원칙은 세우지도 않았다. 만일 그날 컨디션이 좋았더라면, 그리고 논문 마감을 앞두고 있지 않았더라면, 동일한 행동에 대해 시험 직전까지 열심히 공부한다며 흡족해했을 것이다. 그러니 원인 제공자는 나였다. 상담 가능 시간을 따로 정해두지 않은 채 언제든 찾아오라 말했고, 실제 용기 내어 몇 명이 질문하러 왔을 때 무척 반겼으니까. 다만 그 열의를 매 순간 일관되게 유지하지 못했던 것이다.

학위를 받고 처음 강의를 맡았을 때였다. 선배들이 너는 몸집이 작은 데다 학생처럼 보이니 수업 도중 헤실헤실 웃지 말라고 조언했다. "어른처럼 파마하고 정장을 입어라"는 조언도 들었다. 그렇게 까만 정장 차려입고 입술을 근엄하게 일자로 만들다 한 학기 만에 결심했다. '카리스마'나 '도도함'만큼 나와 동떨어진 단어가 없는데 애써 꾸며내기보다는 차라리 적극적으로 '카리스마가 없어서' 더 다가가기 편한 사람이 되기로. 평소처럼 스웨터와 주름치마를 입고 평소처럼 헤실헤실 웃었다. 그러다 어느덧 복학생들보다도 열 살 넘게 나이를 먹으니 그런 염려는 하지 않아도 되었다. 노란

카디건이나 멜빵치마를 입어도 더 이상 학부생으로 보이지는 않았으니까.

어쩌면 이상적인 거리와 간격 역시 직업적 연륜이 쌓이면 어느 순간 공기처럼 자연스러워져 염려할 필요조차 없게 될지 모른다. 다만 미래 그 지점에 다다르기 이전에도 여전히 난 누군가의 선생일 테니, 시행착오를 거치며 자신만의 일관성을 구축해가는 과정 중에 만나고 헤어질 나의 학생들이 상처 받지 않도록, 얕은 인성에서 나온 열의일지라도 꾸준하게 이어가고 싶다.

시간의
선물

집에서 학교로 가는 길목에 도넛 파는 가게가 있다. 길모퉁이와 기차역전 같은 데서 흔히 볼 수 있는 프랜차이즈점이다. 근처에 다른 카페나 빵집이 없다 보니 출근길에 종종 들른다. 커피와 도넛 두 개를 포장해 하나는 아침으로 요기하고 다른 하나는 오후 공강 시간에 간식으로 먹곤 한다. 여러 해 이어진 일상이라 매 시즌의 신제품까지 꿰고 있다. 초봄엔 딸기우유크림이 들어간 네모난 도넛, 늦가을에는 밤잼을 넣은 동그란 도넛, 한겨울에는 초코쿠키를 얹은 링도넛….

작년 이맘때까지 거기서 일했던 분은 내 또래로 짐작되는 여자 점원이었다. 바쁜 시간대엔 아르바이트생과 함께였지만 아침에는 주로 그분 혼자 가게를 지켰다. 새침한 첫인상에 불필요한 말은 거의 하지 않았다. 그런데 언제부턴가 내가 가게 문을 밀고 들어가면 주문하기도 전에 늘 먹는 대로 '샷 추가하고 물 적게 넣은 아메리카노'를 만들어주었다.

이 섬에서 맞이한 첫겨울에는 눈이 많이 왔다. 함박눈이 쏟아지던 어느 아침, 커피를 내리던 그분이 갑자기 말을 건넸다. "오늘 미리 장 봐두세요." 이제껏 커피와 도넛을 주문하는 것 말고는 대화를 나눈 적이 없었기에 놀라서 "예?" 하자 "여기서 겨울 처음 겪죠?"라고 되물었다. 이곳은 중산간 지대라 폭설이 내리면 차가 다니지 못한다고 했다. 실제로 그날 이후 사흘 밤낮 눈폭풍이 치더니 '길'과 '길 아닌 곳'의 경계가 사라졌다. 이듬해 겨울 다시 큰 눈이 내린 날엔 이번엔 길이 파묻힐 정도는 아니라 했고, 하룻밤 지나자 과연 차들이 쌩쌩 다녔다. 그렇게 나는 요긴한 기상 정보를 '네이버 날씨' 앱이 아닌 단골 도넛 가게에서 구했다. 고마움의 표시로 멀리서 사온 레몬케이크라도 잘라 갖다드리면 "빵 파는 사람한테 빵 주네?"라며 웃었다.

그렇게 차츰 가까워지며 마음에 걸리는 게 생겼다. 결제 후 카드를 돌려주면서 그분은 항상 계산대 위에 내려놓았는데, 그때마다 예전에 친구한테 들은 말이 떠올랐다. 친구는 판매자든 소비자든 결제할 때 카드나 현금을 계산대에 던지듯 내려놓는 행동은 상대방에게 무례한 태도라고 했다. 돈은 손에서 손으로 직접 건네는 게 예의라는 것이었다. 그런 생각을 한 번도 해본 적이 없던 나는 충격을 받았고, 그 후 계산대에 서면 의식적으로 '손에서 손으로'를 기억했다.

짐작하건대 그분 역시 미처 생각하지 못했던 부분이었을 텐데, 혹여나 일부 손님이 오해하면 어쩌나 싶었다. 하지만 아무리 친해졌다고 해도 '손에서 손으로'가 예의라더라 전하는 건 지나친 참견 같았다. 더욱이 그게 보편화된 에티켓이 맞는지도 확신하기 어려웠기에 말하지 않는 편이 옳을 듯했다. 아무튼 내 쪽에선 계속 카드를 상대의 손으로 건넸고, 상대는 결제 후 계산대에 올려두었다. 그러다 더는 신경 쓰지 않게 되었다.

계절이 몇 번 바뀌어 봄이 되었다. 가게로 들어서자 그분이 "앞으론 정석대로 주문해야 돼요. 샷 추가하고 물 적게 넣은 아메리카노"라고 했다. 그날이 마지막 근무일이라고 했다. "3년 넘게 뵈어왔는데 아쉬워요." 시선을 떨어뜨린 채 말하던 나는 다음 순간 퍼뜩 고개를 들었다. 계산 후 카드를 내미는 상대의 손끝이 그날은 계산대 위가 아닌 내 손 쪽으로 향해 있었다. 그게 뭐라고, 눈물이 핑 돌았다.

'저 손님의 숨은 생각을 읽어내어 마지막 만남에서 감동을 주자'고 의도한 것은 물론 아니었을 테다. 그건 아마 부지불식간에 우연히 나온 몸짓이었을 것이고, 어쩌면 그날의 사소한 '실수'였을지도 모른다. 다만 그 우연성의 어딘가에는 날마다 커피와 도넛 두 개씩 사가는 손님이 손에서 손으로 뭔가 건넸던 3년간의 아침들이 차곡차곡 쌓였으리라 짐작한다. 말하자면 그건 시간이 준 선물이었다. 그러니 지속되는 관계 속에서 때론 상대에게 "이렇게 해야 한다"고 말하는 대신, 당신의 길을 그대로 걸으며 시간의 선물에 신뢰를 가져보면 어떨까 한다.

3

타인의 고통을
마주할 때

분노가 쉽사리 나의 힘이 되지 않기를 바란다.
연민 없는 분노가 넘실거리고 예의 잃은 정의감이
너무 자주 목도되는 지금 이곳에서.

분노는 나의 힘이
아니기를

　　그해 봄, 배가 침몰해 수많은 생명이 희생된 참사가 있고 열흘가량 지났을 때였다. 분식집에서 김밥 포장을 기다리다 주방에 켜둔 TV로 시선이 향했다. 시사토론 프로그램 같았는데, 이름난 논객으로 보이는 누군가가 전직 구조대장이라는 사람을 앞에 두고 "목숨 내놓아야 하는 것 아니냐"면서 "나라면 허리에 밧줄 묶고서라도 당장 구하러 뛰어들겠다"며 몰아세우고 있었다.

　　그때만 해도 TV를 거의 보지 않았기에 그 논객이 누구이고 어떤 성향의 사람인지 파악할 수 없었다. 전후맥락을 모른 채 본 장면이라 정확히 그 발언이 맞는지도 장담하지 못한다. 다만 지금까지 또렷이 기억하는 건 논객의 어투와 표정이었다. 진정 본인 허리에 밧줄 감고 뛰어들 각오인지는 몰라도 패널 앞에서 정의로운 분노를 터뜨리던 그는 상심에 잠겨 있기보다 흥분으로 상기돼 있었고, 더 솔직히 표현하면 물 만난 고기 같았다. 분노는 그의 힘인 듯했다.

당시 참사를 지켜보며 사회적 슬픔은 급속도로 분노로 옮겨갔던 것 같다. 어느 장관은 체육관에서 컵라면을 먹다가, 어떤 기자들은 학교 운동장에 담배꽁초를 버렸다가 맹렬한 비난의 표적이 되었다. 단순히 구호용품 담긴 상자들을 옆으로 밀쳐두고 라면을 먹어서 혹은 꽁초를 함부로 버려서만은 아니었을 것이다. 사고 현장을 방문해 돕는 시늉을 하다가 기념사진이나 찍는 일부 정치인, 혹은 타인의 아픔은 아랑곳하지 않고 카메라를 들이밀며 무례한 질문을 던져온 일부 언론인의 행태를 보면서 켜켜이 쌓인 반감이 터졌던 것이리라. 그러니 촉매제가 되었던 특정인은 반성하기보다 내심 '하필 이럴 때 운 없이 걸렸군' 했을 게다. 문제는 단지 어떤 해경, 어떤 관료, 어떤 기자만이 아니라 그 아래 자리 잡은 구조적인 폐단 아닐까. 걸려든 몇몇만을 대중의 거센 분노의 제물로 삼아 엄벌한 후 정작 본질적인 문제는 덮어둔 채 굴러갈 견고하고 노회한 체제. 때때로 분노는 권력이 집어든 가면이자 체제 유지의 땔감으로 쓰이는 듯했는데, 어째서 참

혹한 슬픔 한가운데서 이처럼 '분노는 우리의 힘'이 되어야 하는지 혼란스러웠다.

하루는 연예인 모씨가 그 사태의 주요 책임자 중 한 명의 인척이라는 사실이 보도됐다. TV 뉴스 자막으로도 나왔다. 가명이 아닌 실명이 거론된 것으로 기억한다. 아무리 연예인 이라지만 '배우자의 친척이 나쁜 자'라고 전국에 중계되는 것은 가혹해 보였다. 연좌제도 아니고 저래도 되나 하며 클릭해본 어느 기사 댓글에 이렇게 적혀 있었다. "그래 너도 억울하겠지. 근데 지금 같은 시기에 네 억울함 따윈 아무것도 아니란다." 한 사람의 억울함은 아무것도 아닌 것이 될 만큼 압도적인 국가(국민)적 분노라니. 옳고 그름을 떠나 그건 또 다른 형태의 폭력이 아닐까 싶었다.

타인의 고통을 감지하며 폭력과 부조리에 분개하는 감정 은 분명히 고결하고 소중하다. 그건 우리네 삶이 조금이나마 나은 데로 정향 지어지기 위한 필수조건일 것이다. 하지만 날선 분노'만'이 세상을 바꾸는 힘은 아니라고 생각한다. 삶 이 부서지거나 마음이 깨어진 이들에게 귀 기울이고, 자신은 혹시 공모자나 방조자는 아니었는지 성찰하는 것. 그것이 정 의로운 위치에 선 채 저 나쁜 자들의 엄단을 촉구하는 비분 강개와 반드시 일치하진 않는다고 여겨지기 때문이다.

이 글을 쓰던 중에도 또 한 건의 아동학대에 대해 들었다. 극악한 부모라는 자들에게 더 무거운 형이 언도되길 바라는 청원에 목소리를 얹기보다는 가정폭력을 겪은 아이가 "그러니까 집안 내력이 중요한 거야", "아무튼 화목한 가정에서 사랑받으며 자란 사람과 사귀어야 해"라는 식의, 선량한 이웃이 무심코 던진 말과 시선에 상처 받지 않는 세상을 만드는 데에 손을 보태고 싶었다. 그게 더 옳아서가 아니라 단지 내겐 그게 더 절실하게 여겨져서다. 그 과정에서 분노가 쉽사리 나의 힘이 되지 않기를 바란다. 연민 없는 분노가 넘실거리고 예의 잃은 정의감이 너무 자주 목도되는 지금 이곳에서.

연민은 쉽게
지친다

여러 해 전 겨울, 아직 서울에 살고 있을 때의 일이다. 어스레한 이른 시각에 성당에 가려고 택시를 탔다. 행선지를 밝혔더니 택시 기사 할아버지가 물끄러미 뒷좌석을 돌아보셨다. 그러더니 "내 부모가 이북서 내려왔으니 내 나이가 얼마나 많을지 짐작이 가지요?"라며 이야기보따리를 끌렀다.

할아버지의 모친은 해방되기 전 10대 때 수녀원에 들어가셨단다. 그런데 갑자기 오빠들이 와서 억지로 데리고 나가서는 가두어두었다가 혼인을 시켰다고 했다. 결혼한 후에는 남편 집안의 반대 때문에 성당에 안 다녔지만, 돌아가시기 직전 어머니는 아들의 손을 꼭 잡고서는 "사람이 살다 보면 항상 즐거운 일만 있는 건 아니다. 힘들 때면 주기도문을 외워라"라는 유언을 남기셨단다. 그래서 이제껏 자신은 교회도 성당도 가본 적이 없지만 주기도문만큼은 애국가보다 더 잘 외운다고 하셨다.

듣고 있던 나는 뭉클해졌다. 종교를 가져보시면 어떻겠냐고, 태어나서 처음으로 전교를 시도하기도 했다. 할아버지는 손을 내저으며 왠지 성스러운 공간은 자신과 안 어울리는 것 같아 부담스럽다고 하셨다. 그러면서 지금 혹시 미사 보러 가는 길이면 당신을 위해서 기도해달라고 부탁하셨다. 꼭 그러겠노라고 약속드렸다. 더 잘 떠올리려고 택시에서 내릴 때 얼굴과 목소리도 또렷이 새겨두었다. 그리고 실제로 미사 내내 그분을 위해 기도했다.

몇 달 후, 택시 빈차 표시등이 저편에서 깜빡거리는 것을 보고 달려간 나는 깜짝 놀랐다. 시간이 지났으나 단번에 알아볼 수 있었다. 그때 그 기사님이었다. 그분 역시 대번에 알아보고 반가워하셨다. "지난번에도 이야기했지만" 하시며 "내 부모가 이북서 내려왔는데"로 시작되는 일화를 재차 들려주셨다. 교통신호에 자주 걸려서인지 그날은 도착 시간이 더 소요되어 저번보다 긴 버전으로 들었다. 주기도문을 매일 외웠더니 신통한 힘이 생겼는지 본인은 성경 한 번 펼쳐보지 않았지만 '기도발' 하나는 끝내준다는 자랑도 덧붙이셨다.

그런데 왜일까. 애틋한 마음이 들었지만 그때만큼 뭉클하지는 않았다. 기도가 부적이나 '수리수리마수리' 주문도 아닌데 저러셔도 되나, 신앙을 가진 사람으로서 교만한 우려도 일었다. 혹시 교회 버전과 절 버전도 따로 갖고 계신 것 아닐까 상상하며 쿡 웃다 죄송한 마음에 입가의 웃음기를 얼른 지웠다. 그날은 미사 중에 내가 사랑하는 사람들만 기억하느라 할아버지 부탁은 미처 떠올리지도 못했다.

며칠 뒤였다. 버스정류장을 향해 걷는데 뒤편에서 '빠앙' 클랙슨이 울렸다. 놀라서 돌아보니 그 할아버지였다. 차창을 내리고 환하게 웃고 계셨다. "기다리다가 저기 걸어가는 걸 보고 태우려고 왔지"라고 하셨다. "아, 예" 하면서도 내심 반갑기보다 당황스러웠다. 솔직히 말하면 조금 부담스러웠다.

'혹시 매번 이러시면 어떡하지? 난 비슷한 시간대에 같은 골목에서 나오니 그때마다 클랙슨이 울리면 안 탈 수도 없을 텐데. 버스 탄다고 하면 혹시 기분 상하시려나. 멀리 돌아서라도 지하철역으로 가야 하나.' 머리가 복잡해져서 세 번째 듣는 일화는 귀에 잘 들어오지 않았다. 차에서 내리는 나를 향해 그분은 "오늘도 부탁해요. 고마워요!" 하고 소리치셨다. "저도 감사해요"라고 건성으로 대답하다 이내 마음이

꿰찔리듯 아파왔다. 어디선가 읽은 명제가 떠올랐다. "연민은 쉽게 지친다."

잘 알지 못하는 대상을 향한 즉각적인 연민은 너무나 얕아서 저렇듯 세 번을 넘기지 못한다. 그럼에도 몇 해 지난 지금 드는 생각은, 타인을 위해 기도했던 그 아침의 몇 십 분이 더해진 세상이 그것마저 없는 세상보다는 따스하리라는 것이다. 따라서 얕음을 부끄러워하되 마음 자체에 대해서는 냉소하지 않으려 한다. 성자가 아닌 내가 '고아와 과부의 얼굴로 온 타자'에게 내어줄 수 있는 마음은 참으로 작고 비루할 테지만 매번 조금씩 더디게 지치기를. 다음에는 세 번째 아닌 네 번째에, 그다음엔 다섯 번째에. 그렇게 생을 통해 "연민은 더디게 지친다"는 명제를 만들어가고 싶다.

만족한 자의
윤리

우리 집은 긴 부엌에 책상 딸린 거실과 방이 나란히 붙어 있는 구조다. 오래된 연립주택의 전형적인 구조라고 한다. 원룸에 살다 이곳으로 이사한 지 좀 되었다. 이사 후 제일 좋은 점이 아침에 눈 떴을 때 싱크대부터 보이지 않는 것이었다. 전에 살던 곳에서는 침대 대각선으로 놓인 개수대의 수세미가 제일 먼저 시야에 들어왔다. '침실'로 들어가 램프를 켠 채 책을 읽다 잠드는 호사를 누릴 수 있다는 게 경이로웠다.

이 이야기를 하자 주위에서 꿈을 좀 더 키워보라고 조언했다. 원룸에 살 때 몰랐던 세상이 투룸에서 펼쳐졌듯, 대출을 받아서라도 아파트로 이사하면 삶의 질이 또 달라질 거라고 했다. 실제 아랫마을 타운형 빌라나 윗마을에 들어선 브랜드 아파트를 보며 선망이 일긴 했다. 하지만 '와, 좋구나' 하고 잠시 감탄할 뿐 '언제쯤 나도 돈 벌어 저기 살까' 하는 부러움이나 박탈감은 안 들었다. 침실과 부엌이 분리되어 있고, 의자 네 개 딸린 식탁에서 친구들을 대접할 수 있는 공간. 이 정도면 충분했다.

1년 중 몇 밤은 서울 출장 가서 집 아닌 데서 잔다. 애용하는 숙박시설이 있는데, 호텔식 과잉 서비스를 걷어내고 최소한의 편의만 제공하되 기숙사 콘셉트로 깔끔하고 안전하게 운영되는 곳이다. 언젠가 예약이 차서 종로4가 뒷골목 여인숙에 묵었던 무서운 밤 이후로, 서울 출장이 잡히면 그 숙소에 싱글룸이 남았는지부터 확인한다. 물론 더 좋은 곳의 경험이 아예 없진 않다. 오성급은 아니어도 깃털베개가 폭신폭신하고 질 좋은 샴푸가 비치된 '진짜' 호텔에서 하룻밤 묵었을 때는 참 안락하고 좋았다. 그렇지만 돈 많이 벌어 평소에도 저기를 이용하고 싶다는 마음이 들진 않았다. 기숙사풍의 잠자리로 만족했다.

학교 주변에 밥집이 많지 않아 주중에는 주로 교내식당에서 밥을 먹는다. 대략 보름 주기로 식단이 반복되는데, 정식 메뉴가 마파두부덮밥 또는 참치마요덮밥이거나 저녁 반찬으로 좋아하는 달걀말이가 나오는 날이면 수업이나 회의를 마치자마자 식당으로 달려간다. 4년 넘게 매일 학식을 먹어서 슬프진 않다. 주말이면 버스 타고 마을로 내려가 할아버지가 싱싱한 생선을 튀겨주는 가게도 찾고, 새로 생긴 국숫집도 들르고, 갓 구운 빵도 사오기 때문이다.

적어도 물질적인 면에서는 지금보다 더 가지고픈 강한 욕망이 없다. 그러니 상대적 박탈감에 따른 피해의식 또한 거의 가져보지 않았다. 사촌이 땅 사면 배 아픈 감정은 내게 생경한 것이었다. 그게 몇 안 되는 나의 덕목이라 생각해왔는데, 얼마 전 이런 문구를 보았다. '이 정도면 딱 좋다'고 생각하는 순간이 바로 그대가 보수화되는 시작점이라는. 한 대 얻어맞은 기분이었다.

생각해보면 잠자리와 싱크대와 변기가 다닥다닥 붙어 있는 쪽방 같은 원룸은 여전히 많다. 내가 불안에 떨면서 하룻밤 머물렀던 종로통 여인숙의 경우 투숙객 절반이 장기투숙자라고 들었다. 투룸형 집, 출장지의 깨끗한 침대, 주말의 외식. 이 정도면 딱 좋다며 스스로의 소박함에 은근히 자부심을 가졌던 그 조건들은 지금 이 땅에서 누구나 소박하게 누리는 것이 결코 아니다.

누가 아파트를 몇 채 가졌든, 사둔 땅이 얼마나 많든 그건 관심 밖이다. 설령 그들이 계속 호의호식하더라도 박탈감은 안 든다. 하지만 누구든 나처럼 부엌과 침대가 분리된 보금 자리를 가질 수 있었으면 좋겠다. 내 연봉이 오르지 않아도 괜찮고, 유사직종의 다른 사람들보다 조금 벌어도 괜찮으니, 이 땅의 한 명이라도 더 매달 봉급을 받을 수 있었으면 좋겠 다. 그들이 나처럼 연금이란 걸 통해 노후 걱정을 조금이나 마 덜고, 일하러 외지에 나가면 저렴하지만 안전한 숙소에서 자면 좋겠다. 아니, 그럴 수 있어야만 한다.

가진 자들이 얼마나 더 소유했는지에 분개하지 않는 나는, 덜 가진 이들이 나만큼이나마 가질 수 있는 사회를 만들기 위해 무얼 어떻게 할까 하는 고민을 놓지 않으려 한다. 말하 자면 그건 '만족한 자'의 윤리적 책무가 아닐까. 이를 저버리 는 순간 나는 물욕 없음을 내세우며 안빈낙도 운운하는 배 부른 한 사람에 지나지 않을 테니 말이다.

찰나의
선의

수년 전 일이다. 토요일 오후, 동네 미용실에서 잡지를 뒤적이다 한 원로 여배우의 인터뷰 기사에 닿았다. 구호단체 홍보대사로서 아프리카 기아 돕기 현장에서 찍은 사진들로 모금 전시회를 준비하는 내용이었다. 해외 선교나 봉사를 가서 굶주림과 질병으로 고통 받는 현지 아이들을 끌어안고 환하게 웃는 유명인의 화보는 가장 싫어하던 것 중 하나였다. 더욱이 그 배우가 표상해온 자애로운 모성상을 불편하게 여겼던 터라 읽기 전부터 반발심이 솟았다. 예상대로 그분은 아이들이 저러는데 혼자 고급호텔 가서 자는 게 미안해 울었다는, 틀에 박힌 '착한' 말씀을 하셨다. 난 머리에 '구루프' 돌돌 만 채 자꾸 마음이 삐딱해지려 했다.

인터뷰를 진행하던 기자도 비슷한 심정이었는지, 뒤이어 조금 날카로운 질문을 던졌다. 불평등과 빈곤은 단발성 봉사로 해결할 수 없는 전 지구적인 문제인데, 잠시 동안의 선의는 어떤 면에선 무책임하지 않겠냐고 말이다. 그런데 이번엔 그분의 답변이 예상과 달랐다. 문구를 정확하게 복기할 순 없지만 이런 내용이었다. "맞아요. 이걸로 세상이 바뀌진 않아요. 체계적이고 구조적인 변화가 필요한 거, 당연히 맞죠. 그렇게 되길 저도 진심으로 바라요. 근데 그건 제가 지금 당장 어떻게 못해요. 오늘 한 명 더 먹고 입게 하는 데엔 뭐라도 하나 보탤 수 있으니까 일단 저는 한 명 더 먹이고 입힐래요." 차갑게 비웃는 나의 심장에 더운 물을 끼얹은 대답이었다.

이 기억이 떠오른 것은 "커피 한잔 부탁한 노숙인에게 점퍼와 장갑까지 건넨 시민"(한겨레, 2021년 1월 19일자) 화보 기사가 세간의 화제가 되면서였다. 소낙눈 내리던 서울역 광장에서 한 남자가 입고 있던 방한 점퍼를 벗어 노숙인에게 입혀주며 장갑과 5만 원권 지폐를 건네는 장면이 기자의 카메라에 포착돼 보도되었다. 기사는 많은 이들에게 뭉클한 감동을 주며 널리 공유되었다. 다소 시간이 지난 후 일각에선 선한 누군가 건넨 도움의 손길이 미담으로만 소비되는 것을 우려하는 목소리들이 일었다. 개인의 온정에 기대어 유지되는 공동체의 온기는 체제와 자본의 모순을 도리어 은폐할 수 있다는 논지였다.

빈곤과 부조리를 미담으로 덮으려는 사회가 문제적이란 데에 동의한다. '신사와 노숙인'으로 대비되는 이미지가 자칫 후자를 온정에 감사해야 할 수혜자로 박제화할 수 있음도. 아름다운 한순간을 이렇게나 많이 기억하며, 우리가 어제와 다음 날의 서울역은 마치 없는 것인 양 착각할 가능성도. 문제의 원인을 치열하게 파고들어 투쟁해야 할 사안에서 약자를 동정하는 데 그치게 만드는 '분노 없는 연민'은, 문제의 원인으로 악인을 지목하고 그에게 분노를 터뜨림으로써 손쉽게 정의감을 얻는 '연민 없는 분노'와 동전의 양면을 이룰 것이다. 그럼에도 난 이 '미담'에 냉소할 수 없었다. 선의가 하나 더해진 세상이 그것마저 제해진 세상에 비해 그 크기만큼은 나을 거라 생각해서다. 설령 이를 통해 부당하게 가진 자들이 회개하거나 너무 많이 가진 자들이 호주머니를 열거나 서울역 노숙인을 향한 시민들의 시선이 당장 바뀌는 것은 아닐지라도 찰나의 선의는 그 자체로 귀하며, 없는 것보다 있는 것이 낫다.

주말마다 요양 기관에서 일손을 거든 적이 있다. 걸레질하고 설거지하는 동안 속으로 '이 깨끗해진 창틀과 말갛게 씻

긴 그릇만큼의 기쁨을 사랑하는 이들에게 선물해주세요' 기도했다. 이기적인 데다 신과의 거래 혐의마저 짙은 봉사심. 그래서 부끄러웠으나 그렇다고 그 시간들을 후회하진 않았다. 때 묻은 마음으로나마 창틀 말끔히 닦고 식기를 가지런히 담아둔다면, 적어도 그만큼은 진심 어린 봉사자들의 일을 덜어준 셈이 되니까. 이 경우는 선의조차 아닌 위선일 테지만, 착한 척한다고 비난하면 달게 받겠다. 나는 냉소보다는 차라리 위선을 택하려 한다.

다행이라는
말 먼저

     스무 살 봄이었다. 선배의 제안으로 엉겁결에 철거 현장에 따라나섰다. 거기서 보게 되었다. 집을 빼앗긴 사람들이 허투르게 쌓아올린 골리앗(철제 구조물) 주위로 신문지 둘둘 감싼 쇠몽둥이를 든 철거용역들이 배회하는 모습을.

     눈앞의 광경이 나는 믿기지 않았다. 노벨평화상 수상자가 대통령인 국가의 도심 한가운데서, 해 쨍쨍한 한낮에 이런 일이 벌어지다니. 어디선가 전경들이 나타났다. 선배는 내 귀에 대고 말했다. "지금 전경들 빠이(쇠파이프) 든 자세 봐 봐." 그들은 우리로부터 용역 깡패를 비호하는 듯한 자세를 취한 채 둘러서 있었다. 다른 건 몰라도 저것은 분명 옳지 않음을 나는 느꼈다. 그전 해에는 또 다른 철거 현장에서 화재로 아이 엄마가 사망한 일이 일어났다. 나와 새내기 몇 명은 일주일에 한 번 거기서 공부방 교사를 하기로 했다. 이내 지하철에서 유인물을 나누어주고 모금하며 가두시위에 참여하는 빈민-학생연대가 시작되었다.

그렇게 계절이 몇 번 바뀌는 동안 궁금한 점이 있었다. 우리 구호에는 "골리앗에서 희생된 ○○○ 열사"가 항상 들어갔다. 그런데 왜 유가족은 천막에 안 계실까. 그 이야기는 거기서 금기였는데, 나중에 전해 듣기로 사측으로부터 소액의 합의금을 받고 떠났다고 했다. 아내를 잃고 더는 거기서 버티기 힘들었을 것이다. 그 과정에서 고인의 남편과 일부 천막을 지키는 분들 사이에 갈등이 있었다고 했다.

언젠가 후원 주점 자리에서였다. "(○○○ 남편은) 겨우 그 돈 받고"라는 격앙된 목소리가 들려왔다. 어려운 시기에 싸움을 포기한 동지를 원망하는 심경을 충분히 이해하면서도 복잡한 마음이 일었다. 강연에서 "불쌍하게 죽어간 우리 ○○○"라고 울먹이던 목소리가 겹쳤기 때문이다. 차마 입 밖으로 낼 수 없었지만, 열사화된 어떤 죽음이 투쟁의 땔감이 된 것 같다는 느낌을 받았다. 학내 노동절 전야제의 초라한 대오에 한탄하며 누군가 "이 시국에 열사 하나 나와주면 운동에 확 불붙을 텐데"라고 농담처럼 말하던 걸 들었던 그 밤처럼, 설명 못할 반발심을 떨쳐내기가 어려웠다.

그로부터 몇 계절 더 지나 마침내 임대아파트 배상이 이루어졌다. 공부방은 그만둔 후였지만 기뻤다. 그런데 그 소식을 듣고 모인 사람들의 표정이 마냥 밝지만은 않았다. 집 두 채 줄 테니 철거민 운동 그만두라며 사측에서 끈질기게 회유 중이라는 것이었다. 헛소문이겠지, 당연히 아무도 안 받아들일 거야, 하면서도 착잡해했다.

철거현장에서 누군가 죽어간 것은 기업 이미지에 큰 타격일 텐데도 사측에서 그토록 오랫동안 배상을 저어했던 것은 단지 집 몇 채 때문은 아니었을 것이다. 한번 배상금을 지급하면 그게 선례로 남을 테니 철거민의 연대가 두려웠겠지. 그러니 다른 지역의 철거민 연대 투쟁에 합류하지 않는 조건으로 이들에게 아파트 두 채 제공하며 회유하는 쪽이 기업에겐 이득이었을 테다. 그리고 이는, 여러 해 동안 차가운 시멘트 위에서 지내온 사람들에게는 뿌리치기 어려운 제안이었을 것이다. 악의적인 뜬소문에 불과했든, 만에 하나 누군가 받아들였든 말이다.

아무튼 학생들과 중앙조직 분들과 천막 식구들이 한데 모여 축하 자리를 갖게 되었다. 수고했다고 술잔 건네며, 한 분이 곧 수험생이 될 아들을 걱정했다. 이제는 한숨 돌렸으니 아들에게 신경 써야겠다며 말씀하셨다.

"여기 공부방 선생들 몇 명 붙여 과외 좀 시켜야겠어."

천막 안 공기는 일순간 얼어붙었다. 한 선배가 자리를 박차고 나갔다. 함께 활동했던 한 친구는 그날 술을 퍼마시고 버스정류장에서 주저앉아 울었다. "우리가 여기서 소모된 기분이 들어"라고 말했던 것 같다. 나란히 곁에 앉은 나는 눈물이 안 났다. 친구처럼 열심히 안 했으니 소모가 덜 된 탓인지는 몰라도 억울하다거나 그런 마음은 들지 않았다.

내가 대학에 입학할 무렵 학생운동은 저물어가고 있었다. 소개팅 자리에서 그런 이야기를 꺼내면 요새도 데모하는 사람 있냐며 마치 이단종교에 빠진 사람 보듯 쳐다보았다. 그런 상황에서 공부방은 사회주의 이론서의 '바이엘 피아노 교습서'라 할 만한 "마르크스의 혁명적 사상" 정도를 갓 뗀 신입생들에게 상대적으로 심리적 진입장벽이 낮았다. 야학이나 봉사활동의 느낌이 강했으니 말이다. 그 계기로 세미나에 참석하고 집회에도 나가고 그렇게 '조직화'되었던 것이다.

그렇다면 배상을 위해 학생들의 선의와 열정을 천막에서 소모했던 것일까, 아니면 사그라지는 학생운동의 불씨를 되살리고 더 본격적인 활동에 새내기들을 끌어내기 위해 천막의 고통스러운 빈곤을 이쪽에서 끌어와 사용했던 것일까. 설령 둘 다 아니라 할지라도, 연대라는 것은 정말 가능할까. 아내를 불더미 속에서 잃은 남편의 상흔을 투쟁에 승리한 동지들이 온전히 끌어안을 수 없었듯이, 여러 해 동안 차가운 길바닥에 천막을 치고 살아온 분들의 고통을 일주일에 한 번 연대하러 갔던 우리는 나누어 짊어지지 못했다. 빈민-학생연대를 이야기했으나 우리가 온전히 함께였던 적은 한 번도 없었다. 적어도 나는 그랬다.

그렇다면 무엇을 할 수 있을까. 이 질문이 지난 십수 년 동안 마음에 박혀 있었다. 그러다 어떤 계기로 그 화두에 다시 닿게 되었다. 선배의 추천으로 다큐멘터리 〈공동정범〉(김일란, 2018)을 뒤늦게 보면서였다.

용산 참사 이후의 이야기를 다룬 그 작품에서, 방화 누명을 쓰고 수감되었던 철거민들은 불신과 원망으로 서로에게 비수가 될 말들을 주고받는다. A는—아마도 모종의 부채의식 때문에 더욱—대외 투쟁을 강행하고, B는 그런 그에게 반발하며 약점을 파헤쳐 공격한다. C는 욱할 때면 싸우는 대신 자리를 박차고 나가 혼자 술 마시고, D는 신앙을 통해서 위안을 얻고자 한다. E는 가족을 추스르며 자신의 신념에 따라 여전히 할 수 있는 무언가를 찾아 행한다.

동지들 앞에 다시 앉은 A가 그동안 회피해온 기억을 복기하는 후반부의 고해 장면에서 그를 비난하지 않고 가만히 보듬어주는 E를 보며, 〈선한 사람을 위한 소나타〉를 떠올렸다. 〈착한 사람들에게〉라는 노래도 생각났다. 나는 E가 정말 좋았다. 숭고하게 생각되었다. B는 미웠지만, C와 D와 특히 E를 위해 할 수 있는 무언가를 찾아야겠다 싶던 중 이런 생각이 들었다. 선한지 위선적인지, 그릇이 큰 사람인지 아닌지가 이 사안에서 어떤 의미를 지닐까. 왜 평가할까.

다큐멘터리에 나오는 다섯 명의 인물은 모두 국가폭력과 자본의 횡포로 인해 상처 입은 분들이다. 그들 중 누군가에게 이기심이나 결점이 있다고 하더라도, 그것이 그가 삶의 터전에서 쫓겨날 이유가 될 수는 없다. 그가 지키려고 했던 것이 집 한 채였든 철거투쟁의 대의였든 그들을 향해 물대포를 쏘아서는 안 되며, 감옥에 보내서는 안 되고, 전과자로 만들어선 더더욱 안 된다. 선한 사람만 공권력의 피해자가 될 '자격'을 갖추는 것은 아니다.

오래전에 천막에서 만났던 분들 가운데는 운동을 이어간 분도 있고, 그만둔 분도 있을 것이다. 싸움을 그만두는 조건으로 모종의 대가를 얻은 경우도 어쩌면 정말 있을지 모른다. 하지만 근본적인 문제는 누군가를 골리앗으로 내몬 권력과 집 두 채를 제안하며 회유한 자본에 있다. 당시 내 선배들 또한 세상의 불의와 아픔을 목도하고, 저것은 옳지 않다고 생각해서 싸웠을 것이다. 그러던 중 "열사 하나 나와주면" 식의 올바르지 않은 농담을 한 적도 있었을 것이다. 그렇지만 스물 몇 살의 미숙한 그들이 체제에 맞섰던 그 시간들마저 회의와 냉소의 대상이 되어선 안 된다고 생각한다.

그렇다면 지금, 여기서 나는 무엇을 할 수 있을까. 여전히 답은 모른다. 다만 그 질문을 지금, 여기서 다시 받게 된다면 이렇게 말할 것이다. 고통 받는 네가 되어줄 수 없는 내가, 그럼에도 불구하고 할 수 있는 한 가지는 "배신감보다는 다행이라는 생각이 먼저 드는 것"이라고. 대체 무슨 소리인가 되묻는다면, 이 시를 들려주고 싶다.

환승역 계단에서 그녀를 보았다 팔다리가 뒤틀려 온전한 곳이 한 군데도 없어 보이는 그녀와 등에 업힌 아기 그 앞을 지날 때 나는 눈을 감아버렸다 돈을 건넨 적도 없다 나의 선부른 동정에 내가 머뭇거려 얼른 그곳을 벗어났다 그래서 더 그녀와 아기가 맘에 걸렸고 어떻게 살아가는지 궁금했는데 어느 늦은 밤 그곳을 지나다 또 그녀를 보았다 놀라운 일이 눈앞에 펼쳐졌다 나는 내 눈을 의심했다 그녀가 바닥

111

에서 먼지를 툭툭 털며 천천히 일어났다 아무 일도 없었다는 듯이 흔들리지도 않았다 자, 집에 가자 등에 업힌 아기에게 백년을 참다 터진 말처럼 입을 열었다 가슴에 얹혀 있던 돌덩이 하나가 쿵, 내려앉았다 놀라워라! 배신감보다는 다행이라는 생각이 먼저 들었다 어떻게 그럴 수 있느냐 비난하고 싶지 않았다 멀쩡한 그녀에게 다가가 처음으로 두부 사세요 내 마음을 건넸다 그녀가 자신의 주머니에 내 마음을 받아 넣었다 그녀는 집으로 돌아가 따뜻한 밥을 짓고 국을 끓여 아기에게 먹일 것이다 멀어지는 그녀를 바라보며 생각했다 다행이다 정말 다행이다 뼛속까지 서늘하게 하는 말, 다행이다

　- 천양희, 〈다행이라는 말〉, 《나는 가끔 우두커니가 된다》,
창비, 2011

타인의 삶

'동독 말기의 비밀경찰 비즐러는 찔러도 피 한 방울 안 나옴직한 냉혹한 자다. 윗선의 명령으로 그는 당시 동독의 최고 극작가 드라이만과 그의 연인인 여배우 크리스타의 일상을 도청하는 임무를 맡게 된다. 그러나 시간이 흐를수록 비즐러는 드라이만과 크리스타의 예술적 열정과 뜨거운 사랑에 감화된다. 종국에는 자기 신념을 바꾸고 직업을 잃는 것까지 감수하며 이들을 위해 희생한다.'

영화 〈타인의 삶〉(플로리안 헨켈 폰 도너스마르크, 2006)에 대한 비평이나 홍보 글귀의 설명은 대부분 이러했다. 요컨대 '공산주의자의 전향' 혹은 '예술과 사랑의 힘을 통한 개과천선' 식의 이해였다. 그런 해석에 나는 선뜻 동의하기가 어려웠다.

극작가 드라이만에게서 불온한 냄새가 난다며 감시하라는 윗선의 명령이 실은 그의 연인 크리스타에 대한 장관의 흑심에서 비롯된 꼬투리 잡기였다는 사실을 알고 비즐러는 충격을 받는다. 혁명과 이념이 저들에게는 단지 수사(rhetoric)에 지나지 않았음을 비즐러만 순진하게 몰랐던 것이다. 한편 드라이만은 작품 활동의 자유를 갈망했을 뿐 영화 말미까지도 소비사회를 욕망하지는 않았다. 그는 누구보다 순진하게 사회주의적 이상이 실현될 것을 꿈꾸었고, 그의 예술적 영감 역시 거기서 샘솟았다. 비즐러와 내면적으로 닮은 인물은 충직한 당 간부가 아니라, 오히려 자신이 감시하던 대상인 불온한 드라이만이었던 셈이다. 그러니 여기서 감독은 '공산주의자 비즐러의 전향'을 그려낸 것이 아니라, 이상주의자가 현실의 추악함을 맞닥뜨렸을 때 받은 충격과 그로 인한 행동의 전환을 보여주고자 한 듯했다.

더 나아가 비즐러를 변화시킨 것은 '예술과 사랑에 대한 감동'이 아니라 타자에 대한 욕망이었다. 자기가 갖지 못한 타자의 것에 대한 선망과 모방 충동, 그리고 자기동일시. 이름부터 어딘지 예술가다운 게오르크 드라이만의 삶은 본인에게는 고민과 갈등이 가득한 전쟁 같은 것이겠지만 관찰자인 비즐러의 눈에는 그 고민과 갈등마저 무대 위 배우의 그 것처럼 멋지고 아름답게 보였을 것이다. 드라이만과 크리스타가 사랑을 나누는 장면을 감시카메라로 훔쳐본 비즐러는 그날 밤 휑하고 투박한 자신의 아파트로 돌아와, 성매매 여성과 비굴하고 초라한 섹스를 한다. 아마 그는 이때 아프게 깨달았을 법하다. 욕망하는 대상을 모방하는 것은 불가능하다는 사실을. 바꿔 말해 자신은 결코 드라이만이 될 수 없다는 것을 말이다.

모방 욕구가 좌절되면 차라리 모방하려던 대상을 바스러뜨리려는 충동을 갖게 마련이다. 더욱이 비즐러는 드라이만의 삶을 망가뜨릴 단서를 전부 손에 쥐고 있었다. 그렇지만 그는 선망하되 결코 자신의 것일 수 없는 타인의 삶을 부서뜨리는 대신 껴안는다. 이 점이 비즐러가 지닌 미덕이며, 영화가 일차적으로 의도했던 감동이었을 것이다.

그 껴안음으로 인해 궁극적으로 비즐러는 드라이만이라는 타자를 지켜줄 수 있었다. 이는 선한 결과임에 분명하지만, 석연치 않은 구석이 남아 있었다. 비즐러의 내면에는 선망하는 대상이 선망하는 모습 그대로 남기를 바라는 자기욕망이 있었기 때문이다. 그는 드라이만의 예술적 영감이 훼손되지 않기를 바랐고, 드라이만이 크리스타의 배신을 알지 못하기를 바랐다. 마치 우리가 배우 강하늘은 언제까지나 선량한 청년이길 바라고, 뮤지션 이상순은 항상 이효리에게 무던한 남편이길 기대하듯이 말이다. 요컨대 그건 자신의 판타지가 망가질까 두려워하는 관찰자의 팬심이랄까.

잔혹한 체제가 반동분자를 파괴하는 방법은, 그가 가장 잘하고 또 좋아하는 일을 그에게서 앗아가는 것이다. 그것이 고통스러워 드라이만의 스승은 스스로 생을 저버렸고, 그것이 두려워 크리스타는 사랑을 배반했다. 그런데 비즐러는 스스로의 선택으로 자신이 잘하고 좋아할 뿐만 아니라 자기 삶의 전부였던 직업을 잃는다. 드라이만을 보호함으로써 자신의 판타지를 지키는 대가로 암호명 HGW XX/7로서의 삶을 내어바친 것이다. 이것이 개인 비즐러에게 과연 옳은 선택이었을까. 그 점이 생선가시처럼 마음에 걸렸다. 이 지점까지는 영화가 흥미롭되 오롯이 감동적이지는 않았다.

독일이 통일된 후 드라이만은 우연히 당시의 전말을 알게 된다. 아무 연고 없는 비밀경찰이 자신을 지켜주기 위해 도청한 내용을 거짓으로 기록하고, 이로 인해 직장에서 쫓겨나 남루한 일상을 살았음을. 그는 비즐러를 수소문해 찾아내지만, 우편배달부가 된 그를 코앞에 두고 머뭇거리다 그냥 돌아선다. 대신 한동안 잃었던 작가적 영감을 되찾아 새 소설을 집필한다. 우편물 카트를 밀던 중 우연히 책 광고를 본 비즐러는 서점에 가서 그 책을 찾아 본다. 책 첫 페이지에는 이렇게 적혀 있었다. "HGW XX/7에게 바칩니다."

"포장해드릴까요?" 묻는 계산대 점원에게 비즐러가 "아니오. 이건 나를 위한 것입니다"라고 답하는 마지막 장면이 잊히지 않는다. '나를 위한 것'이라는 그 말이 이토록 윤리적일 수 있으리라고는 생각해본 적이 없었다.

비즐러가 누군가를 위해 자신을 버렸을 때 그건 숭고하면서도 자족적인 희생 행위였다. 그렇지만 누군가 자신의 삶에 개입해 남겨둔 배려의 흔적들을 드라이만이 안 순간, 혹은 그가 비즐러를 위해 책의 헌사를 쓴 순간, 혹은 서점에서 책을 펼쳐든 비즐러가 계산대에 선 순간, 이는 상호적으로 구성된 타자를 위한 행위가 되었다. 자기 판타지를 지키기 위해 치른 일방적인 희생은 바로 그 희생으로써 지켜낸 상대방의 재능을 통해서 상호적인 것으로 바뀌었던 것이다. 사람과 사람 사이에 파인 골을 뛰어넘어 더 다가가지는 않은 채 각자의 자리에 그대로 서서, 자신이 가장 잘할 수 있는 일로써 상대의 아픔을 보듬어보려는. 그것이 '너일 수 없는 나'와 '나일 수 없는 너'가 서로에게 내어줄 수 있는 선물 아닐까.

단 한 번의
글쓰기

"우리끼리 이런 질문 식상하지만, 형이 제일
좋아하는 국내 작가 소설이 뭐예요?"

은테 안경에 가느다란 턱선이 멋졌던, 현대소설을 전공하
는 선배가 술자리 끝 무렵에 물었다. 십수 년도 더 된 이야기
다. 어쩌다 국문학과 대학원 세미나 뒤풀이에 법대 4학년 학
부생이 따라가게 되었는지, 어떤 경위로 소주 일곱 잔을 원
샷하게 되었는지는 긴 사연이므로 여기 적지 않겠다. 만취한
상태였지만 나는 잘 보이고 싶었다. 그날 세미나에서 읽은
노스럽 프라이의《비평의 해부》는 사실 거의 이해하지 못했
지만 그에게 잘 보이고 싶었다. 순정만화를 찢고 나온 듯한
은테 안경 선배가 나를 '형'이라고 부르다니, 대학원이란 참

근사한 곳이라고 느꼈다. 그래서 그의 말을 흉내 내어 한껏 멋 부려 답했다.

"저희끼리 이런 답 식상하시겠지만 저는 오정희요. 오정 희의…《난장이가 쏘아올린 작은 공》요."

대답과 함께 술자리에 정적이 흐르며 나를 향하는 시선들이 느껴졌다. 은테 안경 선배를 비롯해 좌중이 웃음을 참느라 '광대가 승천'하던 장면이 슬로비디오마냥 떠오른다. 오정희의《난장이가 쏘아올린 작은 공》이라니. 오정희의《난쏘공》. 그것도 노스럽 프라이의 책을 강독한 다음에 가진 현대소설 전공 세미나 뒤풀이에서 말이다. 취중에도 망했구나, 했다. 그렇다고 뒤늦게 "오정희가 아니라…" 하고 변명하면 더 초라해 보일 것 같았다. 그날 이후로는 세미나에 가지 않아서 모르긴 몰라도 나는 '오정희의 난쏘공' 굴욕으로 한동안 회자되었으리라 짐작한다.

사실 이런 질문에 대비해 미리 준비해둔 답이 있었는데, 오정희의 단편《중국인 거리》였다. 실제로 오정희 작가를 좋아하긴 했지만《중국인 거리》가 나의 최애작은 아니었다. 어린 허영심에 '문학사적 의의가 있으면서 어느 정도 대중적이고, 너무 흔하지 않되 지나치게 튀지도 않는 답'이 그 소설이었던 거다. 만일 거기서《난장이가 쏘아올린 작은 공》이라

답하면 '무슨 노래 좋아해요?'에 '위 아 더 월드요'라 답하거나 혹은 '무슨 영화 좋아하죠?'에 'ET요'라고 하는 것처럼 너무 뻔한 답이 될 듯했으니까. 그렇듯 허영심으로 억눌렸던 내면의 답이 소주 일곱 잔으로 인해 잘 준비된 답을 뚫고 나와 굴욕의 답을 만들어냈던 것이다.

《난장이가 쏘아올린 작은 공》연작에서 지섭은 어려운 지식인의 언어로 이야기하지 않는다. 정의에 관해 일장연설하거나 토대니 상부구조니 하고 설명한 적도 없었다. 내가 기억하는 바로는 그랬다. 그게 나는 좋았다.

지금도 생각난다. 난장이 가족이 사는 집으로 철거반원들이 들이닥쳤다. 지섭은 계고장을 들고 찾아온 그들에게 왜 이 철거가 부당한지, 억압과 착취에 관해 설명하지 않았다. 대신 그는 밥상에서 일어나 철거반원을 주먹으로 쳤다. 절대 이길 리 없는 허약한 주먹으로. 세련되게 다듬은 말이 아닌, 철거반원들한테는 그야말로 한주먹도 안 될 비실한 몸으로 그는 맞서고 얻어맞았다. 난장이의 가족과 이웃들이 그 상황에서 행하고 당했을 그대로. 노동운동을 배우기 위해 야학에 가는 영수에게 그는 성난 목소리로 말한다. 그들에게서 네가 무얼 배우지? 네게서 배워야 할 건 그들이야. 그러던 지섭이 연작소설을 통틀어 처음이자 마지막으로 지식인의 언어로 말하는 장면이 나온다. 영수가 사형선고를 받는 법정에서다.

내가 읽어본 조세희 작가의 소설집은《난장이가 쏘아올린 작은 공》한 권이다. 이후에 사진 산문집과 단편집을 냈지만 적어도 '그런' 작품은 다시 쓰지 않았다(혹은 쓰지 못했다). 짐작하건대 그에게 그 한 번의 소설 쓰기는 지섭이 단 한 번 사용했던 지식인의 언어와도 같았을 것이다.

언젠가 인터뷰에서 왜 작품 활동을 계속 하지 않느냐는 질문에 그는 이렇게 답한 바 있다. "글 쓰는 것은 늘 싸우는 느낌이라, 침묵은 싸움에서 패배한 것이라고 생각하기도 하죠. 작가에게 제일 어려운 것은 좋은 글을 쓰는 것이고, 그다음에 어려운 것이 안 쓰는 것, 세 번째로 어려운 것이 침묵인 것 같습니다. 난 침묵을 즐겁게 받아들였습니다."

당대의 문장가 혹은 위대한 예술가라 평할 수 있을지는 잘 모르지만, 그는 글로써 타인의 상처를 다루는 데 있어 다른 어떤 글 쓰는 사람들보다 올곧은 사람일 거라고 지금도 생각한다.

담아냄의
윤리

영화 〈시〉(이창동, 2010)에서 주인공 미자는 섬세하고 고운 결을 가진 사람이다. 그녀는 어쩌면 음악인이 되거나 소설가가 되거나 혹은 학자가 되었을지 모른다. 미자 역을 맡았던 배우 윤정희처럼 피아니스트 남편과 더불어 유럽 도시들을 돌아다니며 근사하게 나이가 들 수도 있었을 것이다. 아름다운 것들을 이야기하고 또 만들어내면서 말이다.

그 섬세하고 고운 결은, 그렇지만 그녀가 처한 현실의 흙더미에 파묻혀 누구에게도 가닿지 못했다. 그녀의 사회경제적 조건에서 이는 대책 없는 할머니의 감상으로 비쳤을 테니까. 심지어 그것은 자기 손자와 그 친구들에게 강간당한 후 세상을 저버린 소녀의 어머니 앞에서 시 구절이나 읊는 비윤리적인 행위가 되기도 했다. 그녀에게 허락된 아름다움이라고는 한낮의 노래방에서 부르는 트로트나, 구청 시민문화강좌에 나가서 "선생님, 시란 뭘까요?"라고 물어 강사를 당혹스럽게 만든 순간 같은 것이 전부였을 것이다.

그녀에겐 애도할 자격조차 주어지지 않았다. 소녀의 장례미사가 치러지는 성당에 들어선 미자는 뒤편에서 서성이다 결국 견디지 못하고 나온다. 그녀의 피붙이가 저지른 잘못은 그녀의 어깨 위에 죄인의 짐을 얹었다. 〈밀양〉의 신애와 달리 '가해자 측'인 미자는 신에게 눈을 올려 뜨고 나에게 왜 이러시냐며 항의조차 못한다. 또한 '마지막으로 그거(섹스) 한 번만 해보고 싶다'던 노인의 간청을 간병인으로 일하던 미자가 결국 받아들인 것은 인간에 대한 연민 때문이었을 테지만, 현실은 잔인하게도 그녀를 '탑골공원 야쿠르트 아줌마'로 만들었다. 지금 나한테 돈 달라고 협박하냐고 묻던 노인에게 "변명은 않겠어요"라고 써 보이던 글자들이 어쩌면 그녀에게 용인된 유일한 시였을지 모른다.

영화는 그럼에도 '그런 게 바로 시다'라고 말하지 않는다. 감독은 단 한순간도 시혜적인 시선으로 대상을 굽어보거나 혹은 감상적으로 재단하지 않는 듯했다. 이렇듯 위에서 아래로 내려다보지 않던 카메라 너머 시선이, 반대로 아래에서 위로 올려다보는 것 같던 순간이 한 번 있었다. 영화 말미에, 시를 읽는 미자의 목소리가 세상을 떠난 소녀의 목소리와 포개어지던 〈아네스의 노래〉 장면에서였다.

영화 기법에 무지해 그것을 뭐라 부르는지는 모르겠다. 그 장면의 카메라 각도가 실제로 올려다보는 각도가 맞는지도 불확실하다. 그럼에도 그 장면을 보는 순간에는 분명히 그렇게 느꼈다. 설명할 수 없는 전율이 온몸을 휘감았는데, 그것은 비애가 아니라 숭고함이었던 것 같다.

누가 내 옆구리를 곡괭이로 콱 찍었다고 해보자. 갈빗대 서너 개가 부러져서 근육을 뚫고 삐져나오고, 한때는 죽은 짐승의 시체와 죽은 식물의 잎새로 채워졌던 나의 내장이 주르르 흘러나왔다고 해보자.

그리하여 시뻘겋게 부릅뜬 내 두 눈은 튀어나올 듯이 이글거리고, 태어나서 한 번도 내보지 못한 아니 내볼 수 없었던 처음이자 마지막인 괴로운 비명을 지르고, 고통에 이글거리던 두 눈이 서서히 풀어져 갈 때, 너를 쳐다보거나 죽은 이웃을 바라보는, 아아, 부드럽거나 서러운 그 나름대로의 명백한 눈빛이 아닌 또한 처음이자 마지막인 나의 눈빛이 지어질 테고, 너를 내 가슴에 안아 입을 맞추거나 허무와 절망에 찌들려서 내뱉던 신음소리가 아닌 그 또한 처음이자 마지막인 신음소리를 낼 것이고, 그리고 나는 처음이자 마지막인 죽음을 맞이하게 될 것이다.

누가 내 옆구리를 곡괭이로 콱 찍기 전까지는 나는 결코 옆구리를 곡괭이로 찍혔을 때의 모습을 만들어낼 수 없다.

그런 것이다.
너에 대한 나의 사랑은.

– 김영승, 〈처음이자 마지막〉,《취객의 꿈》, 청하, 1988

위의 시에서 말하듯, 타인에게 온전히 공감하는 유일한 방법은 내가 상대방이 되는 길뿐이다. 자신의 손과 발에 타인들의 아픔을 못 박은 이의 그 상처처럼 말이다. 미자가 현실이 용인해준 시가 아닌 자신이 갈망하던 시를 비로소 쓸 수 있게 되는 것은, 이렇듯 스스로 상처 받은 타인이 됨으로써였다. 말로만 혹은 글자로만 되어주는 것이 아니라 난간 위에 자기 발로 올라서서, 삶의 벼랑에 스스로 섬으로써.

우리는 성자가 아니며 그 난간에 서기란 너무나 어렵다. 이창동 감독 또한 그렇게 하지는 못했을 것이다. 그래서 그 순간만큼은 카메라를 통해 대상을 올려다본 게 아니었을까. 미자처럼 직접 난간을 밟고 설 수 없다면 자신이 할 수 있는 차선은 그저 담아내는 것뿐이라고 전하고 싶은 듯했다. 타인의 삶을 위에서 굽어보며 답을 제시하는 대신 자신이 하는 일을 통해 이를 담아내는 것. 세상 누구에게도 감지되지 못한 채 스러져가는 아름답고 선한 영혼들의 이야기를 담아내는 것. 말하자면 그것은 '담아냄의 윤리'가 아닐까. 살아가면서 내가 하는 일 또한 담아냄의 윤리를 실천하는 다양한 길들 가운데 하나가 될 수 있으면 좋겠다.

사이에
선 자

젊은 날 쇼스타코비치는 예민하고 겁이 많은 사람이었다고 한다. 그가 작곡한 곡들이 연이어 '부르주아적'이고 '퇴폐적'인 '타락한 형식주의'라는 비난을 받자 그는 암묵적으로 자아성찰을 강요받으며 다섯 번째 교향곡을 발표했다. 이때 그의 나이 서른한 살이었다. "정당한 비판을 받아들이며"라는 부제를 단 교향곡이 초연되었을 때 청중은 열광했고, 이에 당은 엉겁결에 "민중의 승리를 표현했다"고 좋게 해석할 수밖에 없었다.

오래전의 일이다. 어느 날 낡은 CD를 한 장 들고 온 한 선배가 앨범 표지를 계속 들여다보는 내게 저 일화를 들려주었다. 그 선배와 나는 좋아하는 작곡가와 연주곡이 겹치는 경우가 많았지만 끌리는 지점은 서로 달랐다. 교향곡에서 그는 아다지오 악장을 선호했고 나는 주로 피날레 악장에 끌렸다. 이상하게 교향곡을 들을 때만 그랬다. 서정적인 음보다 쿵쾅쿵쾅 빠르게 몰아치는 게 좋았다. 이 음반에서도 선배는 3악장을 먼저 들었다고 했다. 나는 4악장이 마음에 들었다.

대중 선동에 뛰어났던 쇼스타코비치의 교향곡 5번 4악장의 격렬함은 값싼 영웅주의라는 혹평을 듣기도 한다고 했다. 반면 혹자는 스탈린 압제에 대한 반어적 조롱이라며 칭송하기도 한단다. 그 마지막 4악장을 듣고 있노라면 누가 뒤에서 몽둥이 들고 쫓아와 달아나는 것 같다. 세상에 무슨 영웅이 그렇게 체통 없이 헐떡거리며 뛰겠는가? 무지한 내가 듣기에도 영웅주의와는 거리가 먼 듯했다. 그렇다고 반어적 조롱으로 들리지도 않았다. 냉랭한 거리 두기 같은 것이 거기엔 없었다. 몽둥이를 피해 헐레벌떡 달아나면서도 그는 거길 떠나 다른 데로 갈 마음은 없는 듯했다. 다시 말해 전향하고 싶지 않은 거다.

미루어 짐작하건대 그는 자신의 어떤 이상을 음악으로 표현하고 싶었을 것이다. 문제는 그가 만들어낸 신경증적이고 섬세한 음률이 스탈린 체제의 현실정치에 맞지 않았다는 데 있었으리라. 현실사회주의는 그의 음악 세계처럼 그토록 아름답지 않았을 것이기 때문이다. 그런 아름다움은 당에서 보기에 나태한 감상 나부랭이였을 것이다. 그는 자본주의 가치들을 신봉하는 자가 아니었겠지만 그가 음악에 담아내고자 했던 사회주의적 이상의 현실 버전인 '당'은 그의 음악 세계를 자본주의적이라 규정지었다.

어떤 면에서 이는 영화 〈타인의 삶〉에 등장하는 드라이만을 떠올리게도 했다. 하지만 이 시기 쇼스타코비치는 영화 속 드라이만과 같은 어른이 아니었다. 그에게는 중견작가 드라이만의 '이미 만들어진' 자기 세계와 자신감이나 연륜에서 나오는 유연함, 긴 시간 동안 함께해온 동료들, 그런 것들이 없었을 테다. 갓 서른을 넘긴 소심하고 겁 많은 청년이 할 수 있는 것은 그저 '정당한 비판을 받아들이는' 길뿐이었으리라.

'빨갱이 대 반동분자' 혹은 '부르주아 대 민중'의 이항대립 그 어느 쪽에도, 혹은 '체제의 희생양'과 '정권의 타협자' 그 어디에도 그는 속하지 못했다. 혹은 속하지 않았다. 사이에 선 자의 억눌린 열정과 억눌린 공포. 마지막 악장은 그래서 격정적이면서 동시에 어딘가 억눌려 있었다. 쇼스타코비치가 천상에서 듣고 '무슨 헛소리냐' 반박할지 모르지만, 그리고 이게 역사적으로 가능한 해석인지도 자신 없지만, 난 그렇게 느꼈다.

양분화된 적대 감정들과 정의감을 표방한 날선 분노들이 넘쳐나는 지금 이곳에서 '사이에 선 자'의 억눌린 열정과 억눌린 공포를 느끼며 글을 쓰던 중, 문득 쇼스타코비치 교향곡 5번이 다시 듣고 싶어졌다.

혁명과
꽃다발

　　어릴 적 어느 겨울방학에 해외로 도주하려다
붙잡힌 독재자 부부를 뉴스에서 본 적이 있다. 그 나라는 드
라큘라 백작의 고향인 루마니아였고, 독재자의 이름은 차우
세스쿠였다. 반정부 시위를 무자비하게 진압하려던 그는 새
로운 임시정부에 의해 체포되었다. 사형을 앞둔 이의 얼굴에
카메라를 비추던 것이 어린 마음에 충격이었는지, 그 무렵
'죽음'이라고 하면 떠오르는 첫 번째 이미지가 의자에 앉아
사형 집행을 기다리던 노부부의 뒷모습이었다.

　　바로 그 루마니아 혁명의 기억을 다룬 〈그때 거기 있었습
니까?〉(코르넬리우 포룸보이우, 2006)라는 영화가 있다. 혁
명의 날로부터 16년이 지난 크리스마스이브, 어느 소도시

지역 방송국에서 '16년 전 우리 마을에도 혁명은 있었는가'를 주제로 토크쇼를 기획한다. 만일 차우세스쿠 하야가 보도되기 이전에 사람들이 광장에 모여 있었다면 그 마을에서도 혁명이 점화되었던 것이고, 보도 뒤에 모인 것이라면 그렇다고 보기 힘든 상황이었다. 이 때문에 그날 밤 몇 시에 광장으로 나갔는지를 두고 갑론을박이 벌어졌다. 마을 중학교의 역사 교사인 마레쿠스는 그날 자신이 "차우세스쿠 물러가라!"고 외쳤던 영웅담을 늘어놓는다. 그러자 "그 녀석이 꽐라 되어 술집에 뻗어 있던 거 내가 다 봤다"는 제보 전화가 걸려오고, 사소한 기억들이 교차되며 엉뚱하게도 화두는 그날 밤 마레쿠스는 어디서 무얼 하고 있었는가로 옮겨간다.

난장판이 된 토론 말미에 한 할아버지가 느릿하게 말한다. 그날 아침 아내와 사소한 일로 다투었다고. 미안한 마음에 집에 돌아가는 길에 식물원에서 꽃 세 송이를 꺾어 탁자에 두었다고. 꺾어왔단 말은 차마 못해 꽃집에서 사왔다고 둘러댔다고. 아내는 여전히 토라져 말은 안 했지만 거울로 훔쳐보니 몰래 웃고 있더라고. 안도하며 텔레비전을 켰더니 혁명 소식이 나오기에 아내한테 자기가 겁쟁이가 아님을 보여주기 위해 뛰쳐나갔다고. '민중의 승리', '혁명 16주년' 같은 박제된 기억 대신 술기운에, 혹은 아내한테 멋져 보이려고 엉

겹결에 거리로 나갔던 기억들을 들려주는 것이 인상적이었다. 중요한 것은 그때 각자 어떠한 일상을 살았으며, 그것을 무엇으로 기억하는가라고 영화는 묻는 듯했다.

내 경우 제일 오래된 기억은 딱따구리가 '따다다다딱' 하고 나무를 쪼아 넘어뜨리던 텔레비전 만화 장면인 듯하다. 그다음이 몇 살이었는지 모르지만 어린 날 보았던 판자촌이다. 사실 우리 집도 도심 변두리의 복도식 아파트였으니 바깥세상의 가난을 처음 목격한 '행복한 왕자' 동상처럼 빈곤이 낯선 풍경은 아니었을 텐데도 그 장면은 기억에 선명하게 남아 있다. 비닐창문과 간이화장실, 안이 훤히 들여다보이던 쪽방. 그게 서울 어디쯤이었는지는 모르지만 외갓집에 가기 위해 한강을 건널 때마다 거길 지나던 기억이 난다.

그러다 올림픽을 앞두고 온 나라가 축제 분위기이던 아홉 살의 여름이었다. 우리나라도 올림픽 하는 부자나라라고 선생님이 말씀하셨으니까 그 집들을 대통령 할아버지가 튼튼하게 고쳐주실 거라 생각했다. '외국 손님들 보기에 아름다운 도시' 광고도 텔레비전에 나왔으니 말이다. 외갓집 가는 길에 심장이 두근거렸다. 차가 모퉁이를 돌 때 얼굴을 창에 바짝 갖다 댔다. 그 순간 튼튼하게 고쳐진 집들 대신, 새로 설치된 어마어마하고 튼튼한 간판이 눈에 들어왔다. 어찌나 높

다랗던지 판자촌 전체를 가리고도 남았다. 슬레이트 간판에는 '선진국으로 가는 대한민국'이라 쓰여 있었던가. 혹시나 하며 간판 아래 틈새를 보니 반쯤 부서진 판잣집들 안, 거기에 사람들이 보였다.

드디어 올림픽이 시작되었다. 폭죽이 터지고, 텔레비전에서는 호돌이가 윙크하고, 〈손에 손잡고〉 노래가 흘러나오고, 집집마다 동사무소에서 나누어준 예쁜 화분들을 가져다놓았다. 나는 기쁘지 않았다. 거대한 간판 뒤에 가려진 부서진 판잣집들이 떠올랐다. 아름다운 도시라는 것은 어떤 삶들을 감추고 치움으로써 만들어지는 것이구나. 비록 어려서 제대로 설명할 수는 없었지만 어렴풋이 느낄 수는 있었다. 영화 속 할아버지에게 루마니아 혁명이 '꽃을 받고 웃던 아내의 얼굴'로 기억되었다면, 나에게 서울 올림픽은 대형 슬레이트 간판으로 가려둔 부서진 집들로 남아 있다. 호돌이도, 굴렁쇠 소년도, 손톱 길던 그 여자 육상선수도 아닌, 부서진 집들로 그해의 축제를 기억하는 것이다.

'법과 사회' 수업에서 미시사와 법을 다루며 여담처럼 그 이야기를 우리 학과 학생들에게 들려주었다. 그리고 각자 기억에 남는 역사적인 순간을 골라 적어보라는 소과제를 내주었다. 제출된 답안지를 읽으며 지금 20대 초반의 학생들한테 각별한 역사적 순간들이 대체로 어떤 것인지, 그리고 그것이 그 세대에게 어떻게 기억되는지 짐작할 수 있었다. 그 가운데서 인상 깊은 구절을 옮겨본다.

2002년 월드컵 때 나는 초등학교 1학년이었고, 사람들은 빨간 응원복을 입고 식당이나 거리에 모여 응원을 펼쳤다. 내 가족도 마찬가지였다. 빨간 옷을 입고 지인의 집에 모여 축구를 응원했다. 하지만 나의 기억 속 월드컵은 '맛있는 음식들'의 기억으로 남아 있다. 4강에 진출한 것보다 여럿이 함께 모여 맛난 음식을 먹는다는 사실이 더 와닿았다.

세월호 침몰 당시 나는 고3이었다. 수업 시간에 휴대전화를 제출하지 않았던 한 친구가 "제주도로 수학여행 오던 학생들이 탄 배가 침몰했는데 전원 구조되었대"라고 해서 선생님께 꾸지람을 들었다. 옆에 있던 다른 친구와 나는 그냥 "다행이네" 하고 넘겼다. 하지만 시간이 지남에 따라 수업에 들어오시는 선생님들의 표정이 점점 어두워졌다. 그날 밤 기숙사에서 펑펑 울었던 기억이 있다.

촛불시위 당시 나는 고3을 앞둔 상황이었고, 정치에 무관심했다. 시위를 부정적으로 인식하고 두려워했다. 어느 날 친구의 제안으로 집회에 참가했다. 한 번 가봤다. 그곳에 갔을 때 두려움보다 즐거움이 느껴졌지만, 여전히 두려웠다. 집회에 다녀와서 나의 두려움에 대해 생각해보았다. 그것은 알지 못하는 것, 뚜렷한 주관이 없는 상태에서 그곳에 가는 것에 대한 두려움이었다.

그래서 공부하기 시작했다. 정치 관련 기사를 읽고, '법과 사회'를 공부하고, 그들은 무엇을 잘못했는지 알려고 노력했다. 그러한 작은 하루, 몇 시간이 나에게는 잊지 못할 일이 되었고, 그때 자신 있게 촛불을 들지 못한 것을 부끄러워하며 지금 열심히 살아가려고 노력한다. 이렇게 역사 속에서 내가 바뀌며, 결국에는 이러한 미시사를 가진 개인 하나하나가 모여 역사를 바꾼다고 생각했다.

은밀하고 견고한
벽 앞에서도

대학 시절, 모교에서 '부르주아 동아리'의 양대 산맥으로 거론되던 것이 스키부와 관현악단이었다. 이들에 관한 짓궂은 유머가 난무했다. 가령 스키부는 막걸리 대신 찹쌀동동주 마시고, 관현악단은 여름 합숙 가면 아침 식사로 염소치즈와 크루아상을 먹는다는 식이었다. 경사진 눈길에서 왜 굳이 긴 신발 신고 미끄러지나 싶어 스키부는 부럽지 않았으나 오케스트라는 남몰래 동경했다. 염소치즈 때문은 아니었고, 여러 악기 소리들이 모여 선율을 만드는 것이 멋져 보였다.

여름방학이 끝날 무렵이면 정기 연주회를 앞두고 관현악단 부원들이 저녁마다 대강당 옆 풀섶에서 연습을 했다. 파트별로 풀섶 여기저기 흩어져 소리를 맞추었다. 종종 나는 벤치에 앉아 책 읽는 척하며 이들의 연주를 훔쳐 들었다. 응원단이 현란한 동작을 연습하거나 맨발의 태권도부원들이 "어이, 어이" 외치며 뛰기 전까지는 거기 가만히 앉아 있었다. 대학원 시절, 논문 쓰느라 조교실에서 기숙했던 토요일 밤에는 후문의 목욕탕을 다녀오다 환하게 불 켜진 대강당에서 흘러나오는 선율에 닿기도 했다. 돌기둥 뒤에 숨어 젖은 머리카락으로 뚝뚝 떨어지는 물방울도 아랑곳하지 않고, 홀린 듯 라흐마니노프 교향곡 리허설에 귀 기울였다.

여러 해 전 어느 주말, 성당 문을 밀고 들어서다 저편에서 아름다운 현악기 소리를 들었다. 선율은 부속건물의 작은 방에서 흘러나왔다. 문틈으로 들여다보니 젊은 남자 서넛이 몰입하여 바이올린을 켜고 있었다. 한창 연습 중이었는데, 곡명까지 알지는 못했지만 슈베르트 실내악 가운데 하나인 듯싶었다. 복도를 막고 계속 서 있을 수 없어 계단을 천천히 오르다가, 더 듣고 싶어 다락 층계에 걸터앉았다.

그 연주자들이 누구인지 이내 알았다. 그날 밤 연주회가 기획되어 있었던 것이다. 팸플릿 소개 문구는 다음과 같았다. "알로이시오 오케스트라는 마리아수녀회가 운영하는 아동복지시설에서 음악을 꿈꾸는 학생들로 구성된 관현악단이다. 알로이시오 앙상블은 바로 그 오케스트라 단원으로 활동했던 졸업생들이 구성한 연주 단체로서, 후배들의 장학금 모금을 위해 매년 자선연주회를 갖는다." 그리하여 몇 시간 후 알로이시오 앙상블의 연주를 정식으로 들었다. 마지막 곡이 바로 내가 훔쳐 들었던 슈베르트의 〈죽음과 소녀〉였다.

음악이 마음 누일 유일한 대상이던 20대 초반에는 돈이 조금만 모이면 CD를 사러 갔다. 글렌 굴드가 연주한 〈골드베르크 변주곡〉을 처음 듣던 순간 밤하늘의 별들이 쨍그랑 쏟아지던 기억이 지금도 난다. 청년 랑랑의 피아노 소리는 낭랑했고, 니콜라예바 할머니의 연주는 포근했다. 윌리엄 크리스티는 청량했으며, 톤 쿠프만은 장중했다. 연주자 혹은 지휘자에 따라 동일한 곡이 다른 결을 갖는 것이 신기했다. 비록 전문가의 언어로 근사하게 표현하지는 못해도 느낄 수 있었다.

그 무렵 한 후배가 모처를 소개해주었다. 단순한 가게가 아니라 고전음악 애호가의 공감대가 감도는 편안한 장소라고 했다. 찾아가보니 그곳은 과연 음반가게 이상이었다. 클래식을 즐겨 듣거나 혹은 직접 연주하는 분들이 군데군데 모여 담소를 나누고 있었고, 구매 압박도 전혀 없었다. 글로만 접해온 살롱문화라는 게 혹시 이런 걸까 싶었다. 그렇게 좋은 곳이었지만, 마음이 편안하지 않았다. 누구도 내게 눈치 주거나 옷차림을 아래위로 훑어본 것도 아닌데 말이다. 이는 물론 일방적인 감정이었을 수 있다. 그분들에게 공기처럼 자연스러운 문화자본을 나는 갖지 못해서였을 테니까. 하지만 그 미묘한 불편함을 이해할 사람이 우리 사회에서 적지 않으리라 짐작한다. 이는 단지 음반을 살 돈이 있고 없고의 문제가 아닌, 혹은 '여름 합숙 가서 염소치즈 먹는대' 식의 익살 차원도 아닌, 한층 은밀하고 견고한 것이었다.

클래식을 애호하고 연주한다는 것이 일정 정도 이상의 계층을 전제하게 만드는 이곳에서, 거기에 속하지 않더라도 어릴 적부터 악기로 선율 만드는 즐거움을 가져본 이들이 존재할 수 있었다는 데에 감사하다. 이들이 예술계에서 필경 맞닥뜨릴 은밀하고 견고한 벽으로 인해 무릎 꺾이거나 마음 할퀴어지지 않도록, 적어도 덜 다치도록, 함께 삽을 들어 더디게나마 그 벽을 허물어내고 싶다.

4

*

다가감을
멈추지 않기를

관계의 밀도가 영원히 동일하지 않다고 해서

기억들이 휘발되는 것은 아니다.

즐거움은 즐거움으로,

고마움은 고마움으로 영원히 남는다.

*

세심증을 앓는
그대에게

대학원 시절 외국에 머물 때 무척 따뜻하게 대해주신 어느 한국인 교수님에게 오해를 샀던 일이 있다. 내 잘못이 아니었고 다른 누구 탓도 아닌 우연의 폭력이었지만 답답하고 속상했다. 오해임을, 내가 그런 사람이 아님을 입증하고 싶었다.

문제의 일이 있고 얼마 안 되어, 어떤 세미나에 그 선생님이 오신다는 소식을 들었다. 나는 그날의 발표 주제와 관련된 논문들을 모조리 찾아 읽었다. 그러면서 토론 중에 예리한 질문을 던지는 내 모습을 상상했다. 당시 내가 알던 '사람의 마음을 얻는 법'은 그런 게 전부였으니까. 이윽고 질의응답 시간이 되자, 혹시라도 내 차례가 오지 않을까 봐 조바심이 난 나머지 사회자에게 발언권도 구하지 않고 준비해온 긴 질문을 읽어 내려갔다. 다음 순간 그 방에 감도는 공기에서 '망했다'라고 직감했다. 내 질문에만 골몰하느라 자유로운 토론의 흐름을 끊고 경직된 문장들을 낭독했던 셈이다. 발표자는 싸늘한 얼굴로 "물론 그 지점도 중요하죠"라고 한마디하고서는 바로 다음 질문으로 넘어갔다.

지금 떠올려도 부끄러운 상황이긴 했다. 하지만 당시 난 학생이었고, 다음엔 절대 이러지 말자고 반성하며 털어낼 수도 있었다. 문제는 그 순간 내게 절실했던 것이 발표자의 답변이 아니라 다른 누군가의 '마음'이었다는 사실이다. 아무데서나 마구 나서는 부류로 그 선생님에게 각인되리라는 생각이 발표자나 청중에 대한 부끄러움보다 견디기 어려웠다. 바라는 바와 점점 어긋난 모습으로 비칠 것이라는 생각에 고통스러웠다. 만회하고 싶었고, 상황을 내 힘으로 되돌리기를 간절히 바랐다. 그 내면의 소용돌이가 점차 커져, 종국엔 지인들도 어렴풋이 감지할 정도가 되었다. 복도 저편에 그분이 걸어오시는 걸 보고 꽈당 넘어지기도 했다(웃기려고 지어낸 일화가 아니다).

그러다 몇 해 지나 학위를 마치고 연구소에 갓 합류해서였다. 국제학술대회를 한다기에 관련 문헌들을 미리 찾아 읽은 후, 질의응답 시간에 호기롭게 손들고 질문을 던졌다. 멍해진 발표자의 표정에서 이번에도 직감했다. '망했군.' 그 자리에 있던 사람들에게 각인될 내 첫인상이 그 멍청한 질문이 되리라는 사실도 말이다. 저녁 만찬 때 어떤 분이 나를 두고 "어려 보여서 학생인 줄 알았지"라고 한 말이 내 귀에는 "바보 같아서 어린애인 줄 알았지"로 들렸다.

하지만 처음 뵙는 분들을 의식해서 그렇게까지 속상했던 것은 아니었다. 나를 믿고 연구소에 합류할 기회를 주신 한 선생님을 실망시켰다는 생각이 더 힘들었다. 자책하면서 어느새 나는 만회할 방안을 쉴 새 없이 궁리하고 있었다. 그 순간 알았다. 이러다 예전 장면들이 똑같이 재현되리라는 것을. 관계를 회복하고픈 조급함, 내가 바라는 나를 어서 보여주려는 조바심. 잘못한 게 혹시 더 있었나 하는 불안감. 정신이 퍼뜩 들었다.

그래, 난 실수했다. 그렇지만 그것이 존재를 송두리째 흔들 만큼의 큰일은 아니다. 관계에 대한 바람과 보여주고픈 내 모습에 대한 강박으로부터 자유로워진다면 그저 한 번의 어리석은 실수로 끝날 따름이다. 실수를 했어도 여전히 읽고 쓰고 세미나에 참여하고 수업도 할 것이다. 당장 만회하지 못한다고 그걸로 끝이 아니다. 그렇게 생각하려고 노력했다.

일기장에도 적어두고 조바심과 불안감이 일 때마다 펼쳐 보며 '반복하지 말자'고 되뇌었다. 그리하여 이번엔 그 선생님 앞에서 더는 넘어지는 모습을 보이지 않을 수 있었고, 두 해 동안 곁에서 많은 배움을 얻었다. 내게 바보 같은 질문을 받았던 발표자 또한 몇 달 후 그날의 질문과 관련된 자료를 찾아 보내주었고, 내가 뭔가 준비하던 때 지구 저편에서 기꺼이 조력자가 되어주었다.

사람은 잘 변하지 않는다지만, 그 경험으로 말미암아 타인의 마음에 닿는 것에 존재 전부를 거는 맹목성에서 벗어날 수 있었다. 또한 관계를 밀고 당기는 재능이 내게는 없음을 인정하게 되었다. 아픈 관계든 기쁜 관계든 거기에 휘둘리지 않고 스스로 걷는 법을 익혔고, 실수를 반복하기 전에 감지하고 자신을 제어할 줄 알게 되었다.

그럼에도 이 이야기를 하는 이유는, 지금 이 순간에도 어딘가에서 세심증을 앓고 있을 누군가에게 이야기해주고 싶어서다. 어서 만회하려 애쓰지 않고 매일의 주어진 일을 하다 보면 어느 순간 관계가 제자리를 찾기도 하더라고 말이다. 마음대로 안 되는 조급함이 그대 안의 좋은 것들을 시들게 하지 않기를, 자책과 절망으로 그대를 몰아가지 않았으면 한다.

※

조금 질리게
하는 데가 있어도

"넌 좀 사람을 질리게 하는 데가 있어."

단짝친구와 이유 없이 멀어진 적이 있다. 여고생들이 종종 그렇듯 나는 관계에 예민했고, 친구에 대한 집착은 강했지만 그걸 주장할 자신감을 갖진 못했다. 불안한 표정으로 언저리를 서성이며 대화를 이어가려던 내게 친구는 그렇게 말했다. 20여 년이 지났는데도 또렷하게 기억한다. 왜 그 아이가 질리게 되었는지, 어떻게 해야 다시 질리지 않는 것인지 나는 몰랐다. "왜?"라는 물음에 친구의 표정은 얼음처럼 단단해질 뿐이었다. 난 이해할 수 없었다. 다만 내가 그 애를 질리게 했다는 사실이 견디기 힘들었다. 어색해진 웃음과 문어체의 말들은 친구에게 가닿지 못한 채 용수철처럼 튕겨 나왔다.

스무 살이 되고 스물한 살이 되어서도 패턴은 반복되었다. 의식하지 않은 관계들 안에서 나는 잘 웃고 상냥한 사람이었지만, 특정한 관계에선 태엽장치처럼 어느 지점에 이르러 그렇게 되었다. 그럴 때면 그 말이 기억 저편에서 가시처럼 돋아나 마음을 찔렀다.

"넌 좀 사람을 질리게 하는 데가 있어."

그러다 대학원 무렵부터였을 것이다. 내밀한 관계보다 사회적 관계가 중요해지고, 사랑받기보다 인정받기를 갈망하게 된 것이. 군대에서 휴가 나온 후배랑 차 마시다가도 지도교수님이 교정지를 보내오면 밤 10시에 학교로 돌아왔고, 며칠 밤 새워도 '페이퍼 잘 썼다' 칭찬받으면 아무렇지 않았다. 그러면서 삶이 한결 편해졌다고 생각했다. 물론 사회적 관계에서도 '쟤 저러다 못 견디고 떠나면 어쩌지?' 상대를 긴장시키는 유형과 '쟤는 잘 견디네. 어디까지 버티나 한번 볼까?' 팔짱 끼고 구경하게 만드는 유형은 갈렸고, 거기서 후자인 것은 속상한 일이긴 했다. 하지만 그 속상함은 못 견딜 만큼은 아니었다. '더' 많이 읽고, '더' 문장 다듬고, '더' 상냥하게 말하고. 그런 노력들로 어느 정도 만회되었으니까.

그럼에도 가끔, 미처 예상하지 못한 순간 냉랭해진 친구 언저리를 서성이던 열여덟 살이 될 때가 있다. 20여 년 더 살아내었다 하여 무뎌지거나 현명해지는 것은 아닌지, 20년치 기억이 열여덟 살의 상처에 소금처럼 덧뿌려져 고통이 더해지곤 했다.

지인이 추천한 영화 〈우리들〉(윤가은, 2016)을 극장에서 내릴 때가 되어 뒤늦게 보았다. 청소년들의 우정을 다룬 이야기라고 막연히 알았는데, 보는 내내 마음이 먹먹했다. 친구 지아의 눈치를 한참 살피던 선이 "너 나한테 화난 거 있어?" 하고 묻는 장면에서는 눈물이 맺혔다. 지인은 나의 영화평을 듣고 싶어 했지만 한참 동안 쓸 수 없었다. 아파서. 그리고 그렇게까지 아파하는 나 자신에 대해 부끄러운 마음이 일어서.

영화 속 선과 달리 나는 저 시절 외톨이는 아니었다. 비록 교탁에 선생님 드시라고 음료수캔 올려두어 야유를 받긴 했어도 급우들과 그럭저럭 잘 지냈고, 괜스레 애들 일으켜 세워 질문하며 괴롭히던 어떤 선생님한테 대들어서 매를 맞고도 "야, 불쌍해서 그냥 내가 맞아줬다"라며 친구들이랑 키득거릴 만큼 학교생활에 맺힌 감정은 없었다. 말하자면 나는 학창 시절 상흔이라고 부를 만한 아픔을 겪은 게 아니고 그저 한 친구와 감정의 엇갈림을 한 번 경험했을 뿐이다. 그리고 이 작은 영화가 큰 호응을 얻었던 바로 그 이유처럼, 그런 경험은 나만의 특수한 것이 아니라 유년기나 청소년기에 누구나 겪었을 원형적인 아픔이다.

그럼에도 왜 그 하나의 기억에 이제껏 매여 있었을까. 혹시 스스로를 위한 변명 아니었을까. 예전에 그랬었다고, 이번에 또 그랬다고, 앞으로도 그럴 거라고 말이다. 어느 평론가의 말처럼 "미래의 일을 질투하고 과거의 업을 따라갔"던 것이다. 다시 말해 상흔이 나를 붙들고 놓아주지 않았던 게아니라, 나 스스로 자기연민의 고치를 만들어 거기 숨고자기억을 붙잡고 되새김질했던 셈이다.

사실 지아는 선에게는 강자였고 가해자였지만, 교실 공동체 그리고 자기 삶의 조건들 안에서는 선보다 약자이고 피해자였다. 애닳아 하는 선의 마음을 헤아려주기에 지아가 짊어진 삶의 무게가 너무 컸듯이, 당시 내 친구한테도 모종의고민과 고통이 있었을 것이다. 나와 나누고 싶지 않은, 혹은더는 나눌 수 없는. 이상하게 그 시절이 그토록 생생한데도그 부분에 대한 기억은 없다. '나를 질려하는 친구'의 삶을 세심히 살피는 대신 '친구가 질려하는 나'를 맹렬하게 미워하는 데에 집중했기 때문이었으리라. 요컨대 내 마음이 궁극적으로 향해 있던 대상은 그 애가 아니라, 다시 가까워지고 싶던 나 자신이었다.

어느 일본 애니메이션에 이런 이야기가 나온다. 가시 많은 고슴도치는 가까워지고 싶어 다가가다 상대를 찌르고 자기도 마음에 피를 흘린다고. 성장한다는 것은 찌르지 않을 안전거리를 가늠해 유지하는 거라고. 그렇다면 가시 많은 자는 상처 주지(받지) 않기 위해 평생 데면데면 평행선을 유지해야 하는 걸까. 마음 닫고 입 꼭 다물어야 할까. 그렇지 않음을, 아니 그럴 수 없다는 것을 나는 안다.

이렇게 쓴다 하여 달라지지 않으리란 것 또한 안다. 내일과 모레도 어제와 그저께 그랬듯이 엎어져 울음을 터뜨릴지 모른다. 질리게 만들어 자책하고, 반복되어 마음 부서지고, 그러고도 다시 웃으며 마음을 열 수 있으면 좋겠다. 그때쯤에 주름진 얼굴의 할머니가 되어 있더라도, 세상에 머무는 동안 서로 사랑하는 삶이 나에게 허락되기를 기도한다.

✳

서랍장의
비스킷 하나

살다가 살아보다가 더는 못 살 것 같으면

아무도 없는 산비탈에 구덩이를 파고 들어가

누워 곡기를 끊겠다고 너는 말했지

나라도 곁에 없으면

당장 일어나 산으로 떠날 것처럼

두 손에 심장을 꺼내 쥔 사람처럼

취해 말했지

나는 너무 놀라 번개같이,

번개같이 사랑을 발명해야만 했네

– 이영광, 〈사랑의 발명〉, 《나무는 간다》, 창비, 2013

봄밤에 글들을 뒤적이다 우연히 발견한 시다. 장면을 그려 보며 읽다가 문득 오래된 기억이 떠올랐다. 토요일 오후, 친구의 어머니를 뵈러 보육원 후원 모임에 찾아간 데서 시작되는 이야기. 대학원 시절 초반이었고, 봄이었다.

청소년기에 친구네 집에 놀러 가면 친구 어머니는 직접 구운 당근케이크와 우유를 간식으로 내어주셨고, 맛난 샌드위치를 만들어 내 몫까지 싸주시곤 했다. 그분은 내게 자애로운 모성의 표상이었지만, 그날 그 보육원 모임 분위기만큼은 견디기 어려웠다. 그곳 원장이라던 사모님이 '여기 사람들은 가난해서 악이 가득 들어차 있으니 기도가 절실하다'고 말했다. 어떻게 저런 말을 할 수 있는지, 그런 마음을 품은 사람이 보육을 해도 되는 건지 반발심이 솟구쳐 자리를 박차고 나가고 싶었다. 하지만 오랜만에 뵌 친구의 어머니에게 죄송해서 눈치를 살피던 중, 뒤편에 앉아 있던 수녀님이 시선에 들어왔다.

수도자라는 분이 여긴 대체 왜 오셨을까. 저 선민의식이 역겹지 않으신가. 거부감 섞인 시선을 마주한 상대방의 눈길이, 뜻밖에 시리도록 투명했다. 당황한 나는 시선을 내려뜨렸다. 잘은 모르지만 그분은 권력을 탐해서 이런저런 행사에 얼굴 비추러 거기 오신 게 아니라 반대로 권력이든 정치든 무엇에도 휘둘리지 않을 단단하고 무구한 내면을 갖고 있기에 거기에 앉아 계실 '수 있는' 것이란 느낌을 받았다.

이제나저제나 모임이 끝나기만 기다리던 중, 내내 거의 아무 말도 하지 않고 있던 수녀님이 나를 가리키며 기도를 좀 해주고 싶은데 괜찮겠냐고 물으셨다. 그곳 원장님 말씀이, 그 수녀님은 치유의 은사를 받은 분이니 학생은 행운아라고 했다. '은사'가 무슨 의미인지는 몰랐으나 실제 등에 따스한 손이 얹히자 차갑게 비웃던 심장에서 뜨거운 것이 쿨렁하는 느낌이었다. 모르긴 몰라도 뭔가 받긴 한 듯했다.

그날 늦은 저녁, 강독 수업 준비를 하려고 학교로 돌아왔다. 조교실에 있는데 밤늦게 탕탕 문 두드리는 소리가 났다. 열어보니 선배가 서 있었다. 내게 독일어 기초를 가르쳐주고 라틴어 단어들을 하나하나 짚으며 의미를 알려준 분이다. 반가운 마음에 "선배님" 하며 옷자락을 잡았는데, 뜻밖에 선배는 취해 있었다. 물 한 잔 달라고 해서 뜨거운 박하차를 끓이고 서랍에서 비스킷도 꺼냈다. 그리고 마주 앉아 이야기를 들었다. 박사 논문 심사를 앞두고 힘들어하고 있음을 짐작하고 있었지만, 막상 직접 들으니 마음이 몹시 아팠다. 까맣게 어린 후배에게 자신의 불안을 내보이는 그의 심경이 어떨지, 아는 체 역성들면 자존심 상해할 것 같고 힘내시라 하는 것도 건방질 듯해서 단어를 고르고 고르다 나온 말이 "이 비스킷도 하나 드세요"였다. 바보, 바보.

그날 밤 집으로 가는 버스에서 나는 '오늘요, 그 수녀님을 통해서 받은 게 정말 은총이면요, 그거 다 선배님 몫으로 주세요. 하나도 빼놓지 않고 전부요'라고 신에게 빌었다. 저런 류의 언어도 기도라고 할 수 있다면, 그게 열아홉 살 크리스마스 때 '대학에 붙게 해주셔서 감사합니다'라고 기도한 후 처음 드린 기도였다.

거기서 이어지는 장면들이 마냥 훈훈하지는 않았다. 선배는 기본 문헌을 숙지하며 어학원부터 등록하라고 조언했지만 '포스트-'의 이론 세계에 흥분한 나는 새로운, 더 새로운 문헌부터 읽고 싶었다. 수업 시간에 칭찬받고 좋아했던 날에는 문장에 멋 부리지 말라는 충고를 들었다. 난 혼란스러웠고, 이내 서운해졌고, 결국 반발했다. 어느 때부턴가 선배는 내 인사를 받지 않았고, 몇 번 그런 후로 나 역시 고개를 숙이며 피했다. 다시 인사하고 지낼 수 있게 된 것은 시간이 한참 흘러서였다.

이 이야기가 위의 시와 대체 어떻게 연결되는지 의아해할 듯하다. 오래전 그때 내가 사랑을 발명했다고, 그건 숭고한 형제애였노라고 감히 주장하려는 것은 아니다. 나는 사랑을 알지 못하니까. 일방적인 선망과 거기서 파생된, 가깝지도 않은 자의 자격 없는 연민이 이제껏 가져본 감정의 전부니까.

그날 버스 안에서의 마음도 그러했을 것이다. 일방적인 선망과 자격 없는 연민 같은 것. 더욱이 당시 그 수녀님의 기도가 가졌다는 치유의 힘을 진지하게 믿었던 것도 아니었다. 다만 뭔가 얻은 것 같으니 그거라도 꺼내주고픈 간절함을 기도말로 옮겨보았을 따름이다. 심지어 그 감정은 칭찬에 대한 갈망과 인정 욕구 앞에서 지속 가능하지도 않았다. 그럼에도 "살다가 살아보다가 더는 못 살" 것 같아 보여 "너무 놀라 번개같이" 기도를 흉내 내본 기억은, 그리고 내가 그랬듯 누군가도 그렇게 하리라는 상상은, 불가해한 위안을 준다.

문학평론가 신형철은 한 아름다운 비평글에서 이 시를 신이 없기 때문에 그 대신 한 인간이 다른 인간 곁에 있겠다고 결심하는 이야기로 읽었다고 썼다. "무정한 신 아래에서 인간이 인간을 사랑하기 시작한 어떤 순간들의 원형"으로 말이다. 무신론자가 아닌 나는 이 시가 채울 수 없는 결핍을 지닌 유한한 인간이 그럼에도 불구하고 다른 인간 곁을 맴도는 순간을 포착했다고 보았다. 사랑할 줄도 모르면서 당장 내 앞에 있는 사람에게 좋은 것을 내어주고픈 소망들의 원형. 그렇게 읽었고, 그게 좋았고, 그래서 글을 썼다.

✳

당신이 나를
물들인다면

"…하지만 너에 대해 무한한 애틋함을 느껴. 앞으로도 항상 그럴 거야. 평생 동안."

"이젠 귀찮게 하지 않을게."

"귀찮았던 적 없어."

두 여자의 사랑을 다룬 영화 〈가장 따뜻한 색, 블루〉(압델라티프 케시시, 2013)는 원형적인 사랑 이야기로, 더 나아가 마음의 주고받음에 관한 성장 이야기로 다가왔던 것 같다. 특히 두 주인공 아델과 엠마 중 전자 쪽에서는.

자신의 관심이 동성에게로 향해 있음을 자각하고 의지적으로 성적 지향을 택했던 엠마와 달리, 아델에게는 동성을 사랑한다는 정체성의 발견보다 동성인 그녀가 바로 '엠마'

였다는 사실이 중요했던 듯싶었다. 만일 10대 후반의 나이에, 엠마와 같은 푸른빛 감도는 머리칼의 미술 전공 대학원생 언니를 만났더라면 누구라도 마음이 낚여 꿰일 듯했다. 그만큼 엠마는 자기 내면으로부터 길어 올린 반짝이는 것들로 충만한 사람이었고, 타인을 압도하는 매력을 발산하는 존재였다.

엠마에게 아델은 이제껏 만나왔던 파트너들과 조금 다른 영감을 주는 '야생풀 같은 생명력이 느껴지는 어린 친구' 정도였겠지만, 아델에게 엠마는 처음이자 유일무이하고 대체 불가능한 존재였다. 그러니 사랑이 저물 때 이별의 고통을 더 많이 감내해야 할 쪽이 누구일지는 훤히 보일 것이다.

물론 이들의 결별 사유는 아델의 외도였다. 표면적인 귀책 사유야 그러했다. 고등학교를 졸업하고 유치원 보조교사가 된 아델은 미술계의 주목받는 신예인 엠마와는 처음부터 다른 문화적 배경을 갖고 있었다. 자신이 그녀를 온전히 이해할 수 없으리라는 생각에 아델은 항상 불안했다. 원숙한 동료 예술가에게 점점 빠져드는 엠마의 마음을 풋것인 자신이 붙잡아둘 수 없으리라는 무력감에 아델은 도피하듯이 잠시 낯선 이의 품을 찾아들었을 뿐이다. 엠마 역시 그 사실을 몰랐을 리 없다.

아델의 외도 사실을 알게 된 밤, 분노와 실망감으로 그녀를 마구 몰아세우던 엠마는 "너 없이 내가 어떻게 살라고!"라며 매달리는 아델의 눈물범벅이 된 얼굴을 보는 순간 표정이 싸늘하게 식는다. 그나마 남아 있던 일말의 질투심이 지겨움으로 바뀌었던 것이리라. "어떻게 그 남자와 동침한 더러운 몸으로 나에게 올 수 있지?" 부르르 떨며 아델을 내쫓았지만, 엠마는 자신이 사랑하는 그녀가 그와 잤기 때문이 아니라 외도를 한 그녀가 그럼에도 자신을 사랑한다는 사실이 견딜 수 없었던 것이리라. 요컨대 엠마의 마음이 떠나게 된 결정적인 이유는 아델의 변심이 아니라 오히려 그녀의 여전한 사랑이었다.

시간이 흘러 다시 마주하게 된 아델에게 엠마는 '더 이상 너를 사랑하지 않지만' 그럼에도 '너에 대해 무한한 애틋함을 느낀다'고 말한다. 항상 그럴 것이라고, 평생 말이다. 하지만 그 무한한 애틋함은 이미 다음 단계로 건너가 살고 있는 엠마의 감상 속에 존재할 뿐, 여전히 그 자리에서 엠마를 갈구하는 아델에게는 의미가 되어줄 수 없었다.

"귀찮았던 적 없어"라고 했지만, 푸른빛으로 한껏 단장한 채 전시회를 찾아온 아델을 발견한 엠마는 불편한 기색을 감추지 못한다. 아델이 진정으로 귀찮지 않은 존재가 되려면

둘의 아름답던 시간과, 그 시절의 빛깔에 대한 기억과, 예전으로 돌아가는 것에 대한 가느다란 희망마저 내려놓아야 할 테니까. 이를 위해 그녀는 몇 번이나 더 '혹시나'의 기대를 접고, 몇 번이나 더 엎어져 울며, 몇 번이나 더 깨어져야 했을까.

일전에 한 선배 선생님이 《파도야 놀자》(이수지, 2009)라는 그림책을 보여준 적이 있다. 첫 장을 넘기면 여름날 바닷가에 작은 여자아이가 서 있다. 바다를 처음 보았는지 표정이 상기된 아이는 엄마 손을 놓고 뛰어간다. 넘실거리는 물살에 겁을 먹었다가, 주저앉아 파도를 관찰하기도 하다가, 용기 내어 물 쪽으로 다가선다. 발을 담그더니 이내 참방참방 물장구치면서 아이는 신이 난다. 밀려가는 파도를 쫓아가면서 '메롱' 약 올리기도 한다. 그러다 '나랑 놀자' 하듯 되돌아온 커다란 파도 더미에 옷을 적신다.

이 부분에 다다랐을 때였다. 책장을 획획 넘기는 내게 선생님이 그림책은 그렇게 보는 게 아니라고 일러주셨다. 한 장면씩 찬찬히 들여다보아야 읽힌다고 말이다. "여기도요. 자세히 보면 어딘가 바뀌어 있지 않아요?" 그제야 내게도 보였다. 아이가 바닷물에 흠뻑 젖은 다음 장면에서 이제껏 내내 하얗던 하늘색이 바다 빛깔로 바뀌어 있었다. 파도와 온몸으로 만나본 아이의 세계가 그 파도의 푸른빛으로 물든 것이다.

　우리가 새로운 사람을 만나 관계 맺는 과정이 저 꼬마가 파도와 친해지는 과정과 비슷하지 않을까. 경계심으로 뒷걸음치다가 호기심에 손 내밀었다가, 이리저리 살피기도 하고 한 발짝 다가가 보기도 하고 말이다. 그중 유달리 각별한 대상과의 관계에서는 상대방이 파도 더미처럼 나를 휘감아 부지불식간에 내 마음을 흠뻑 적시는 순간이 찾아들기도 한다. 자신에게 유일무이하고 대체 불가능한 이의 존재감이란 그런 것 아닐까. 그가 지닌 고유한 빛깔로 나의 하늘이 물드는 것. 아델의 세계가 온통 엠마의 푸른색으로 물들었듯이.

　파도가 모래사장으로 밀어다놓은 조개껍데기와 소라고둥을 갖고 노는 아이의 머리 위로 하늘이 여전히 파랗게 빛나는 그림의 책장을 덮으며 문득 이런 생각을 했다. 상대에게 귀찮지 않은 존재가 되기 위해 예전의 흰색을 덧칠해야 할까. 그게 가능하긴 한 일일까. 세상에는 한번 각인된 것을 쉽게 지우지 못하는 사람들이 있고, 쉽게 지워지지 않는 기억들이 있다.

　기뻐 어쩔 줄 몰랐던 찰나부터 작은 웃음 조각까지 하나도 버리지 않기를. 각별했던 관계가 더 이상 파도 더미처럼 자신을 휘감지 않더라도 그가 한때 새겨 넣어준 고유한 색

채를 억지로 지우진 않기를. 언젠가 숲을 만나면 자연스레 초록이 덧대어지고, 밤에는 예쁜 먹색을 입기도 할 것이며, 맞갖은 때에 이르면 알록달록한 빛깔도 얻게 될 테니 말이다.

조개껍데기와 소라고둥의 선물들을 품고, 여전히 파란색 물감이 칠해진 세상에서 나는 매일의 걸음을 걷겠다.

※

관계의
밀도

　　대학원 시절 심하게 체한 날이었다. 온종일 책상에 엎드려 있다가 선배 언니를 찾아가 손 좀 따달라고 부탁했다. 언니는 옷핀을 구부려 바늘을 손수 제작하고 라이터를 빌려와 소독을 했다. 그러더니 내 팔을 붙들고 쓱쓱 쓸어내리기 시작했다. 그게 피를 손으로 모으는 동작이라는데 어찌나 어설폈던지, 둘 다 웃음이 나서 바늘을 조준할 수가 없었다. 콕 누르고 "여기가 아닌가벼?" 하며 또 같이 웃고.

　안 되겠다고, 기다려보라면서 언니는 총총 나갔다. 이윽고 다른 전공의 선배 오빠가 왕진을 왔다. 그의 고향인 호남에는 체 내리는 민간요법이 있는데 침술보다도 잘 듣는단다. "체 내리는 게 뭐예요?" 물으니 선배는 '일단 엎드려보라'고

했다. 등을 동그랗게 구부려 책상에 엎자 그는 빛의 속도로 척추 윗부분을 세게 눌렀다. 오도독 소리가 나면서 엎힌 것이 정말 내려가는 기분이었다. 그렇게 체를 내리고 셋이 둘러앉아 뜨거운 차를 마셨다. 너 지금 온몸이 긴장해 있다고, 왜 그렇게 긴장하며 사냐는 선배의 물음에 머그잔을 쥔 손만 내려다보았다. 아파서 옷자락을 붙들어도 얼러줄 손은 내 몫이 아니라며 센 척해왔지만, 팔 쓸고 등 눌러준 것은 결국 사람의 손길이었다.

곧잘 체하는 체질인 내가 특히 자주 탈이 났던 것은 연구 조교를 할 무렵이었다. 모교에는 교수 연구실마다 조교실이 따로 마련되어 있고, 중간 문을 통해 드나들도록 설계되었다. 내 지도교수님은 귀가할 때 보통 중간 문으로 나와 퇴근한다고 알려주셨고, 그러면 조교들끼리 저녁을 먹으러 가곤 했다. 하지만 이따금 우리에게 서운하거나 화가 나면 아무 말씀 없이 연구실 쪽 문으로 퇴근하셨다. 선생님이 언제쯤 가실지 기다리다 중간 문을 조심스레 밀어보면 이미 귀가하신 뒤였다.

나보다 앞서 조교를 했던 선배는 그럴 때면 항의하듯이 선생님보다 일찍 나간다고 했다. 제자들의 서운함을 선생님도 좀 아셔야 한다면서 말이다. 한편 후배는 풀릴 때 되면 어런히 풀릴 거라며 대수롭지 않게 넘겼다. 선임자의 대담함도, 후임자의 참을성도 갖지 못했던 나는 그럴 때마다 체했다.

　체기가 이어지던 어느 저녁이었다. 책상에 엎드려 있다 설핏 잠이 들었는데 달칵, 문 여는 소리에 이어 멀어지는 발소리가 들렸다. 그날따라 조교실 쪽으로 나오셨던가 보다. 왜 하필 그 순간 엎드려 잤을까 자책하고 있는데 문자 메시지가 울렸다. "연구실 서랍 열어봐. 두 번째 칸 안쪽에 약상자 있어. 거기서 메디락 꺼내 먹어. 배 아플 때 내가 항상 먹는 약이야."

　눈물이 핑 돌았다. 며칠 전 밤늦게 빈 연구실에 잠입해 선생님이 아끼던 오디오를 켜고 음악을 듣다가 노트북 가지러 되돌아오신 선생님한테 딱 걸렸고, 왠지 그 일 때문에 화나셨을 것 같았기에 더 그랬다. 약통에서 한 알을 꺼내어 꼴깍 삼키는 순간, "괜찮아" 하는 나지막한 선생님의 목소리가 들리는 듯했다. 나중에 알고 보니 메디락은 위가 아니라 장에 드는 약이었지만 이내 체기가 내리며 열이 가셨다. 순간, 어릴 적 교과서에서 읽은 〈성탄제〉라는 시가 떠올랐다. 아버지가 따오신 산수유 붉은 알알이 혈액 속에 녹아 흐른다던 그 구절.

　이 이야기를 했더니 지인이 애정 어린 목소리로 일렀다.

그런 애틋함은 시에서처럼 너의 혈연, 혹은 향후 네가 만들 가족에게 가져야 한다고 말이다. 지도교수가 아무리 자상해도 부모일 수 없고 선배들이 아무리 다정해도 친언니 친오빠는 아니니, 그 애착은 필경 너를 실망시키고 공허하게 만들 거라고 했다. 지인의 조언이 물론 완전히 틀린 것은 아니었다. 손 따준 선배와는 이제 가끔 안부만 주고받고, 체 내려준 선배와도 연락 안 한 지 한참 되었으니까. 선생님한테는 한 해에 두세 번 연락드리는 정도다.

그 애착은 과연 찰나적이었지만, 나를 실망시키거나 공허하게 만들지는 않았다. 관계의 밀도가 영원히 동일하지 않다고 해서 기억들이 휘발되는 것은 아니기 때문이다. 즐거움은 즐거움으로, 고마움은 고마움으로 영원히 남는다. 핏줄이 아니고 '혼인, 혈연, 입양으로 이루어진 사회의 기본 단위'가 아니어도 그렇다. 내 혈액 안에 이 순간 알알이 녹아 흐르는 '팔 쓸고 등 눌러준 약손들'과 '선생님 서랍 속 메디락'처럼 말이다.

※

애착을
끌어안는 삶

몇 해 전 늦여름, 가족이 생겼다. 어미 잃은 아기 고양이가 구조와 임시보호의 손길들을 거쳐 내게로 온 것이다. 연둣빛 밭 한가운데서 발견된 아이였기에, 구조하신 분이 연두라 이름 붙여주었다.

처음 우리 집으로 왔을 때 연두의 몸집은 내 발보다 작았다. 아랫마을 동물병원 선생님에게 보여드리니 생후 두 달이 안 되었을 거라고 했다. '야옹야옹' 고양이답게 울지도 못하고 '삐끄삐끄' 소리를 내던 풋것. 배불리 먹고 방방 뛰어놀다 졸리면 치맛자락 안으로 파고들어 내 다리를 베개 삼아 잠들었다. 어린 생명체의 온기가 얇은 원피스 자락을 사이에 두고 전해지던 첫 느낌을 나는 잊지 못한다. 애묘인도 아니었고 멸종 위기 고래나 동물권 등에 관심 갖고 서명해본 적도 없던 내가 어쩌다 그렇게 고양이와 한식구가 되었다.

한편 둘째 머루는 생후 일주일 무렵 지역 유기 동물 보호소에서 데려왔다. 아직 눈도 못 뜬 채 기어 다니던 갓난 고양이를 네 시간마다 분유 타서 먹였다. 머루는 내게 처음 그 머루 같은 눈을 보여주었고, 내 방에서 첫 걸음마를 떼었다. 배를 간질간질하면 좋아서 고롱고롱 소리 내며 뒷발 팡팡하는 연두와 달리, 머루는 앞발 포갠 채 미동하지 않는 새침한 아이다. 하지만 아침에 깨어나면 내게 껌딱지처럼 붙어 자다가 품으로 파고드는 것도 이 아이다.

폭풍이 불던 어느 밤, 밖에서 나무들이 휘어지고 창문이 깨질 듯 덜컹였어도 우리는 안온했다. 이렇게 안온해도 될지 부끄러울 만큼 평화로웠다. 그동안 집은 밤늦게 들어가 잠만 자면 되는 공간이었지만, 더는 그렇지 않았다. 비록 난 과자나 빵조각 따위를 먹을지언정 연두와 머루를 위해선 기꺼이 부엌에 섰다. 닭고기를 삶아 결대로 찢어주고, 황태를 썰어 물에 불리고, 생선살 퓌레도 만들었다. 방울공놀이와 나비 점프, 쥐돌이 인형 꼬리 잡기 등 각종 놀이를 개발했다.

어느 주말이었다. 새벽녘 설핏 잠에서 깨니 어둠 저편에서 연두가 몸을 꿀렁거리며 힘겹게 토하고 있었다. 내가 잠든 사이 이미 여러 차례 게워내어 탈수가 온 듯했다. 닭고기를 주어도 힘없이 고개를 돌리고, 물도 입에 대지 않았다. 작은 몸통을 계속 꿀렁이며 위액까지 하얗게 토하는 어린것을 보자니 마음이 미어졌다. 이웃의 도움을 받아 일요일에 문 여는 동물병원으로 데려갔다. 고양이는 다음 날 입원했고, 여러 날 지나서야 기운을 차렸다.

동물병원에서 돌아오니 후배에게 부재 중 전화가 걸려와 있었다. 수화기 너머로 울먹이는 목소리에 놀란 그녀는 나를 다독이다 "근데 언니, 기억나요?" 하고 말문을 떼었다. 대학원 시절 내가 '나 같은 사람은 나중에 가정을 꾸리면 안 된다'며, 일요일에 아이가 아파도 떼어놓고 연구실에 갈 거라고 말했다는 것이다. 그때는 본인도 소영 언니라면 아마 그럴 거라고 생각했단다. "그런 말을 했었나?" 멋쩍게 얼버무리다 문득 어릴 적에 읽은 법정스님의 수필《무소유》가 떠올랐다. 선물받은 난초를 애지중지 기르다, 어느 순간 자신이 그 식물에 집착하고 있음을 깨닫고 벗에게 주었다는 이야기였다. 예전엔 그게 매정한 처사라고 여겼지만 이제 이해할 것 같았다. 그분이 무소유를 지향한 것은 매정해서가 아니라 반대로 여린 분이어서였다. 관계의 애착을 감내하기에는 상처 받기 쉬운 내면을 지녔기에 그 고리를 일찌감치 끊어낸

게 아니었을까.

매일 밤 현관문을 열면 고양이가 잠결에 반쯤 감긴 눈으로 달려 나온다. 그 순간의 애틋함은 그해 여름 전까지 몰랐던 종류의 감정이다. 이 글을 쓰고 있는 지금도 발치에 보드라운 온기가 느껴져 내려다보니 고양이가 발등을 베개 삼아 잠들어 있다. 몸에 닿는 생명체의 따스함은 내겐 새로운 그 무엇이었다. 마찬가지로 몸통을 꿀렁이며 고통스러워하는 어린 짐승 곁에서 느낀, 심장을 꿰찌르는 아픔 역시 이제껏 경험하지 못한 생경한 것이었다. 선재했던 애틋함과 온기가 없었더라면 몰랐어도 될, 그런 고통이다. 아마도 나의 두 고양이는 언제가 되었든 인간인 나보다 일찍 세상 너머로 떠날 것이고, 그 친구들의 생명이 서서히 잦아드는 순간을 겪어야 할 것이다. 이는 내 애착에 필연적으로 수반되는 슬픔이다.

나는 법정스님보다 조금은 더 강해서, 혹은 더 약해서, 애착의 고리를 끊어내기보다 끌어안으려 한다. 깨어지는 고통이 뒤따르더라도 두려움 없이 그것을 끌어안을 것이다. '모든 것은 지나가는 것'이라지만, 각별한 대상들과의 관계 안에서 매 순간 사랑의 기억을 하나라도 더 만드는 쪽을 택하려다. 아낌없이 사랑함으로써 도리어 애착으로부터 자유로

워지는 것. 그것이 고양이와 가족을 이루며 갖게 된 생의 지
향이다.

✳

사랑에 빠진 사람의
눈빛

그 애는 먼 곳의 커피가게로 나를 데려가서 말했다. 네가 좋다고, 사귀고 싶다고. 어깨를 떨며 이야기했다. 고백을 받다니, 이런 일도 다 있구나 싶었다. 둘 다 대학 3학년이던 스물두 살 때였다.

함께 영화관 가면 스크린이 아닌 내 옆모습을 쳐다보고 있었고, 무심코 두유를 좋아한다고 말했더니 다음 날부터 본인도 아침에 우유가 아닌 두유를 먹는다고 했다. 전화를 안 받으면 짜증 내는 대신 조바심을 냈다. 그런 게 난 그저 신기했다. 고교 동창의 동아리 친구였던 그는 이름보다는 전공으로 기억에 남아 있다. 재료공학. 그것이 어떤 학문인지 모르면서 나는 툭하면 "이걸 재료공학적으로 설명해줘"라고 억지 부렸다. 그럴 때마다 미간을 좁히며 설명해보려 골똘하던 표정이 지금도 떠오른다. 나와 마찬가지로 연애가 처음이던 그 친구는 이렇듯 매 순간 진지하게 애쓰고 있었다.

그렇게 애쓰는 게 언제부턴가 싫어졌다. 왜 그리 싫던지. 처음 손잡은 날은 나를 연애실험쥐 삼아 나중에 더 예쁜 친구와 능숙하게 사귀겠지 싶었다. 그런 싸늘한 마음을 품었더니 안 그래도 찬 손발이 더욱 차가워졌다. "너, 손이 얼음 같아"라며 그 애는 드라마에서 본 양 자신의 외투 호주머니에 내 손을 집어넣으려 했다. 그 수줍음도 괜히 미웠다.

그때껏 나는 화를 내본 적이 거의 없었다. 누구에게든 적어도 못된 사람은 아니었던 난 비겁하게도 처음 나를 좋아해준 이에게 처음으로 변덕스럽고 못된 사람이 되었다. 애태우고 싶어 일부러 휴대전화를 꺼둔 적도 있었다. 결국 어느 저녁, 그가 밥을 몇 숟갈 더 뜨라고 권하며 "원래 야위면 신경질이 많아진대"라고 진지하게 충고한 순간 나는 폭발했다. 그는 "나도 미숙해서 미안했지만 너도 조금 독특한 것 같아" 했다. 그리고 끝이었다.

한편 누군가에게 내 쪽에서 먼저 고백하진 않았어도 당시 주위에선 눈치챘을 것이다. 옆을 지나기만 해도 얼굴이 새빨개졌으니까. 어쩌면 당사자들 또한 알았을 테지만, 내가 좋아하건 말건 그들은 어차피 관심이 없었다.

　총학생회 후원 주점이 열린 토요일 저녁, 다른 단과대 학생회장이던 모 선배가 온다는 사실을 미리 확인한 나는 머리를 양 갈래로 묶고 학생회관 구석에서 파전을 부쳤다. 턱선 뾰족하면 그 헤어스타일이 어울린다고 어디서 주워들었던 것이다. 그는 내가 전을 부치든 말든 관심 없었다. 먼저 나를 발견한 건 우리 학과 선배였다. 선배는 며칠 전 회의에 무단으로 결석한 일을 두고 큰 소리로 책임을 묻기 시작했다. 주위의 시선이 일제히 나를 향했고, 그의 시선도 거기 있었다. 삐삐머리를 한 채 파전을 부치다 말고 혼나는 여학생을 향한, 민망함과 한심함과 황당함이 섞인 눈길. 나는 화장실로 뛰어가 삐삐머리를 풀어 한 갈래로 묶었다. 울고 싶었다.

　사귀고 싶어 했던 것은 아니었다. 그냥 가까워지고 싶었다. 그 사람에게서 어떤 그늘을 보았고, 다른 누구보다 내가 그 그늘을 잘 이해할 거라 믿었다. 그가 좋아한다는 이런저런 책과 영화와 이론을 나 역시 좋아했다. 이 사실을 선배가 알았으면 했다. 그뿐이었는데, 왜 그에게 기쁨을 주는 존재가 내가 될 수 없는 건지 그땐 알지 못했다. 자신은 나보다 더 복잡하면서 왜 단순한 사람을 편안해하는지, 나보다 더 어두우면서 왜 화사한 사람을 바라보는지.

한참 지나서야 깨달았다. 그가 갈구했던 대상은 캄캄한 동굴 같은 내면을 누일 볕처럼 따사로운 존재였음을. 그런데 본인과 꼭 닮은 누군가가 등잔도 등유도 지니지 않은 채 언저리를 기웃거리니 피하고 싶었던 게다. 이제 와서 복기해보면 오래전 그 시절, '진지하게 애쓰기'의 화신은 오히려 나였으나 마음 다친 쪽은 먼저 더 다가섰던 '재료공학'이었듯이 말이다.

뭐 여기까지가 연애 경험에 관해 누군가 물어볼 때 하는 이야기 전부다. 여기까지는 웃으며 떠올릴 수 있는 기억들이니까. 나는 로맨스물을 즐기지 않는데 공감하기 어려워서다. 한때 장안의 화제였던 영화 〈건축학개론〉(이용주, 2012)을 보고도 그랬다. 아릿한 추억이 아닌, 어딘가 박혀 있던 가시가 따끔거리는 것 같았다. 난 그들의 첫사랑에 감정이입할 수 없었다. 그 '할 수 없음'이 건드려버린 오래된 감정들이 따끔거렸다. 여자 주인공은 스무 살의 내가 아니라, 스무 살의 내가 흠모했던 남자가 흠모한 또 다른 여자였다. 긴 생머리에 얼굴 하얗고, 사랑받으며 자란 티가 나는 여자아이. 말하자면 나는 〈레미제라블〉에서 마리우스와 코제트가 사랑을 속삭이는 동안 뒤편에서 짝사랑하는 마리우스를 떠올리며 〈On My Own〉이나 부르던 에포닌이었다. 그 에포닌의 존재는 시야에 들어

오지 않는 사랑 이야기들은 처음부터 나를 위한 것이 아니었다.

1950년대 미국을 배경으로 두 여성, 이혼 소송 중이던 캐롤과 젊은 백화점 직원 테레즈의 사랑을 그린 영화 〈캐롤〉(토드 헤인즈, 2015)도 동일한 이유에서 초반엔 공감하기 어려웠다. 퀴어 영화여서가 아니라 사랑 영화여서. 어쩌면 그 나이대의 나 역시 테레즈처럼 심약했고, 심약해서 더 대담했을지도 모른다. 그렇지만 내 삶의 '캐롤들'에게 내 서툰 행동들은 우주에서 떨어진 '특별한' 선물이 아닌 '특이한' 어두움이었을 뿐이다. 그렇다고 현재의 내가 잃을 것도 책임질 것도 많은 캐롤처럼 제대로 어른이 되어 있지도 못하다. 다시 말해 나는 극중 테레즈도 캐롤도 아니었던 거다.

그럼에도 어느 순간부터 두 인물이 숨을 내쉴 때 함께 내쉬고, 멈출 때 함께 멈추고 있었다. 영화의 아름다움은 강렬하면서도 섬세해서, 공감하지 못한 채 굳어 있던 심장을 어느새 녹이고 낚아 꿰어 극중 인물들 안으로 밀어 넣는 듯했다. 내가 결코 그일 수 없음을 머리로는 알면서도 마음은 그가 되어 있는. 이것이 사람들이 말하는 영화적 마법이라는 것일까.

'사랑에 빠진 사람의 눈빛을 알고 있는 사람이라면 이 영화가 와닿을 거'라고 누군가 글에 썼다. 나는 그런 눈빛을 알지 못한다. 아는 거라고는 재료공학을 설명해보려고 좁혀진 미간과 양 갈래 머리를 한심한 듯 쳐다보던 눈길 정도가 전부다. 하지만 영화의 마지막 장면을 보면서 이것만은 알았다. 내가 다가설 때 저런 눈길일 수 있는 누군가가, 혹은 나에게 그렇게 다시 다가와주는 누군가가 삶의 장면들에 등장하지 않더라도 이 영화적 마법이 만들어낸 감정의 일렁임만큼은 잊지 못할 것을.

이기적이게도 아직은 나를 좋아해준 사람들보다 내가 좋아했던 사람들 생각이 더 난다. 알고 보면 세상의 온갖 사랑 이야기가 이 비대칭성과 불공평함에서 기인했을 테다. 그래도 바람이 있다면, 십수 년 전의 그 양 갈래 머리가 고단한 현실에서 이따금 꺼내볼 웃음의 기억 한 조각으로 상대에게 남겨졌으면 하는 것이다. 지금도 어디서 재료공학이란 단어에 닿을 때면 외투 호주머니로 내 손을 가져가던 수줍음을 떠올리며 마음이 덥혀져오듯 그렇게.

✳

빈틈

대학원 시절, 학생들의 농담에 자주 등장하는 대상은 교수님들이었다. 악의적인 '뒷담화'는 물론 아니었으며 애정 어린 우스갯소리였다고 기억한다. 내가 속한 연구실의 경우, 주된 레퍼토리는 지도교수님의 도련님 같은 면모와 관련된 일화였다.

유학 중인 선배들이 잠시 귀국해 모임을 가졌던 어느 밤이었다. 이번에도 어김없이 선생님 이야기가 나왔다. 석사 장교 출신인데 군대 이야기를 하실 때면 공수부대 다녀오신 것 같더라며 누군가 운을 떼자, 다른 선배가 "군복무 중 끊었던 사탕 다시 드신 일화, 요즘은 말씀 안 하시냐"고 물었다. "담배도 아니고 사탕이라니 과연 소공자시네요"라며 우리는 한바탕 웃었다. 그 순간은 동일한 아버지를 둔 형제 같았다. 형들 놀이판에 끼고 싶은 막내처럼 나는 "순대 같은 건 아예 입에도 못 대실걸요?" 하고 말을 거들었다.

다음 날은 빙 둘러앉아 선생님과 차를 마셨다. 전날 밤 소공자 운운하던 익살은 어디 가고 다들 정자세로 앉아 묵묵히 찻잔만 기울였다. "유학 생활 중 순대가 그립다더라." 이후 이야기가 끊기려 하자 한 선배가 "근데 소영이가 선생님은 순대 못 드실 것 같답니다"라며 말을 이었다. 어색한 분위기를 깨고자 석사 과정 막내가 총알받이로 쓰인 것이다. 선생님은 답을 하지 않고 웃으셨다.

며칠 후 선생님이 제자들에게 순대국밥 먹으러 가자더니 메뉴판도 안 보고 주문하셨다. 그때껏 분식집 당면순대 말고 먹어본 적이 없던 나는 작은 목소리로 아주머니에게 "저는 선지랑 간 빼고 주세요"라고 했다. 선생님이 소영아, 부르셨다.

"소영이가 순대 먹을 줄 모르는구나. 순대의 핵심은 간이야."

내가 대학 입학할 당시 선생님은 우리 단과대에서 제일 젊은 교원이었다. 첫 수업 시간에 뵙고 세상에 저런 멋있는 교수님도 다 있구나 싶었다. 범인들은 닿지 못할 높은 세계에 속한 존재 같았다. 한 노교수님이 우리 학번의 중간고사 답안 수준에 개탄하며 1학년 때부터 답안지를 독일어로 써 내던 총명한 ○○군 일화를 들려주신 이후에 더 그러했다. 그런 전설을 가진 분이 "순대의 핵심은 간이야" 같은 멘트를 던지시다니. 학생의 농담을 마음에 담아두었다가 소심하게 되갚으시다니. 그날 나는 선생님의 빈틈을 처음 보았다. 어느 근사한 교수님을 넘어 '우리 선생님'으로 생각하게 된 첫 순간이 그때였다.

그해 겨울방학이었다. 재미 삼아 친구와 사주카페에 갔다. 우리 둘 다 두루뭉술하게 좋은 이야기를 들었지만 연애운에서는 차이가 났다. 친구는 이듬해 연애운이 화려하다 했고, 나한테는 그저 공부나 열심히 하라고 했다. 연애는 어차피 관심사가 아니었던지라 대수롭지 않게 넘겼다. 친구가 영화표를 예매해두었다고 해서 화장실 간 사이 내가 카페 비용을 계산했다.

이윽고 돌아온 친구가 "내 연애운을 소영이가 산 거네" 했다. 순간 그녀의 눈빛에 스치던 소심한 아쉬움과, 미신에 연연한 게 부끄러운 듯 꼭 다문 입매를 보았다. 그때 느낀 설명 못할 정다움을 지금도 잊지 못한다.

내가 보기에 친구는 우리 학번 여학생들 가운데 가장 반짝였다. 1학년 때부터 여느 법대 신입생들과는 달랐다. 단발머리 몇 가닥만 파랗게 물들인 그녀가 강의실에 들어서면 환하게 빛이 났다. 같은 장면도 나 혼자 있으면 인디 영화였지만 친구가 더해지면 청춘 드라마였다. 학부 시절 내내 나는 그 친구에게 선망과 더불어 미묘한 상대적 박탈감을 품었다. 그 박탈감을 지우고 온전히 마음을 연 계기가 친구의 '미신스러운' 빈틈을 목도한 순간이었다. 그녀의 운을 사고도 이듬해도 그다음 해도 연애는 못했지만, 대신 각별한 벗을 얻게 되었다.

돌이켜보면 늘 그랬던 것 같다. 사람을 막연히 동경하는 것은 상대의 매력과 장점 때문일지라도 그를 이해하고 받아들이는 것은 우연히 보게 된 빈틈을 통해서였다. 누군가의 세련된 매너에서 어색함을 감추려는 몸짓을 읽었을 때, 냉소이면에서 뜨겁고 서투른 열정을 보았을 때, 강인해 보였던 이가 실은 심약한 '새가슴'임을 느꼈을 때.

가끔 그게 안 되기도 한다. 이해관계가 대립할 경우 누군가의 단점이 빈틈임을 알아도 너그럽게 받아들이기 어려웠다. 한편 아예 빈틈을 찾을 수 없는 사람도 있었다. 이리 보고 저리 살펴도 근사하기만 한 거다! 짐작하건대 내 고집스러운 선망이 그의 약함마저 멋짐으로 채색했기 때문일 것이다.

살아가면서 충돌하는 이의 빈틈을 연민하고, 선망하는 이의 빈틈을 알아차릴 수 있으면 한다. 그리고 자신의 빈틈에도 조금 너그러운 마음을 품으면 좋겠다.

*
이해의
선물

몇 해 전 여름, 친한 동료와 저녁을 먹으러 아랫마을로 내려가던 길이었다. 차 안에서 내 얼굴을 살피던 그가 무슨 일이 있었느냐고 물었다. 안색이 어둡고 울었던 사람처럼 목소리가 잠겼다면서. 식당에 들어가 밀면과 수육을 주문하고 나서도, 고명 없은 밀면을 비비면서도, 정말 괜찮은 건지 재차 물었다.

"안 그래도 얼굴이 까만데 햇볕을 쬐어 더 어두워졌나 봐요." 얼버무렸지만 혹시 그가 아는 어떤 일로 힘들어하는 거라고 여길까 봐 염려되었다. 그 일 때문이 아니라고 앞질러 설명하면 오버일까 아닐까 고민하다 무심코 고개를 들자 맞은편에서 나를 향하던 시선을 거두더니 피식 웃었다. 이윽고 비벼진 밀면 그릇을 내게 건네며 말했다. 방금 '그 표정'이 또 나왔다고.

이따금 내가 짓는 특유의 표정이 있단다. 뭔가 말할 듯 말 듯 머뭇거리다 일순간 입술을 조가비처럼 다문 채 눈만 깜빡거리는. 방금 전에도 그런 모습을 보고서 자기도 모르게 웃음이 났다고 했다. 유체이탈의 초능력자가 아닌지라 확인하지는 못했지만 무얼 의미한 건지 대강 짐작할 수 있었다. 대화 도중 맥락 없이 시무룩해지며 아무 말을 안 해서 당황스러웠다는 지적을 주위에서 몇 차례 들은 적이 있었다. 언젠가 읽은 소설 속 구절처럼 '항상 남의 비위를 맞추려 하고, 모든 사람이 나를 판단하고 있고 나는 끝도 없는 시험을 잘 봐야 한다는 듯 애쓰다 제풀에 지친' 표정. 그가 본 것이 아마 그것이었을 테다.

이제 학생도 아닌 직장인인데 사회적 관계의 상대에게 그런 모습을 보여 미안했다. 만일 또 포착하거든 사진으로 찍어서 보여달라고 부탁했다. 내 눈으로 확인한 후 거울 앞에서 표정을 고쳐보려고. 그러자 그가 무슨 소리냐며, 그 표정이 바로 선생님의 매력이라고 했다. 만일 싫었다면 처음부터 언급하지도 않았을 거라고 강조했다. "절대 고치려 하지 마세요. 그거 매력 포인트예요. 아셨죠?"

대답 대신 밀면을 후룩후룩 먹었다. 목으로 차가운 국수 가락을 넘기는데 마음은 따끈한 차를 마신 것처럼 데워졌다. '고맙습니다.' 분위기가 어색해질 그 말이 혀끝에 맴돌아, 말을 삼키려고 수육 한 점 집어 얼른 입안으로 넣었다.

그런 게 매력 포인트일 리가 있나. 아마 그는 알았을 것이다. 방금 한 말이 내게 또 다른 걱정을 불러올 것임을. 뒤따라 나온 농담이 아니었다면 나는 그날 밤부터 맹렬한 표정 연습에 돌입했을지 모른다. 그렇게 표정을 의식하고 감정을 숨기려 노력할수록 도리어 경직된 얼굴이 되어갔을 테다. 그의 마음 씀 덕분에 나는 '아까 왜 그랬을까' 의기소침해지며 표정이 더 굳어지려는 순간마다 떠올리게 될 생각 하나를 갖게 된 셈이었다.

그 동료는 다른 대학으로 직장을 옮겨 이제 멀리 있다. 좋은 사람들에게 밝은 모습을 보이고 싶고, 해처럼 웃고만 싶고, 여럿이 둘러앉은 식탁에서 복스럽게 먹고 싶고. 나는 여전히 그렇다. 그런 강박관념을 갖고 분위기를 이리저리 살피다 부지불식간에 그 표정이 또다시 재연될 테지. 사람은 쉽사리 바뀌지 않는다. 하지만 적어도 의기소침해져 굳은 인상은 거기서 지워지고 없을 듯하다. 심지어 "그대 표정에 정 떨어졌소"라는 말을 어디서 듣더라도 상처 받지 않을 것 같다.

정 떨어지는 표정을 두고 '매력'이라 말해준 속 깊은 우정을 한번 가져본 적 있으니 말이다. 한 사람이 다른 사람에게 선사한 이해의 선물은 이토록 값진 것이다.

＊
오늘보다
내일 더

"근데 너는 절대 먼저 연락을 안 하더라."

함께 차를 마시던 친구가 말했다. 당시 그녀는 파리에서 박사 논문을 마무리하던 중이었고, 난 박사후 연구원으로 그 도시에 1년 동안 머물고 있었다. 소속된 연구기관에서는 영어로 의사소통을 했던지라, 내가 구사할 줄 아는 프랑스어의 한계치는 "제 전공은 법학이고, 법사회사와 법문학으로 박사 논문을 썼습니다. 그런데 죄송하지만 지금부터 영어로 말해도 되겠습니까?"였다. 그러니 일상에서 도움을 받는 상황이 종종 발생했다.

고단한 유학 생활 중이던 친구에게 민폐가 될까 봐 걱정했다. '나야 거의 약속이 없으니까 언제든 너 편한 시간에 맞출게'라며 친구가 먼저 연락할 때까지 기다렸다. 그것이 도리어 친구를 서운하게 했음을 한참 지나서야 알았다. 방해될까 봐 연락하지 않는 바람에 그녀는 내게 언제 어떤 도움이 필요할지 미루어 짐작하는 수고로움까지 감내해야 했던 것이다. '너한테 민폐가 될까 봐'의 조심스러움 너머에는 거절당할지 모른다는 두려움이 자리 잡고 있었다. 나의 배려는 자기중심적이었다.

  그곳에서 맞이한 내 생일에 친구는 맛있는 점심을 사겠다고 했다. 루이대왕고등학교를 지나 친구네 대학 쪽의 식당 골목으로 나를 데려갔다. 난 미안한 마음이 들었다. 논문 막바지라 거의 외출하지 않던 친구를 일부러 거기까지 오게 한 것도, 논문 막바지임에도 불구하고 번역 일을 구해야 했던 그녀에게 외식비를 부담하게 하는 것도. 그래서 먹고 싶은 것 대신 값이 싼 메뉴를 골랐고, 막판에는 내가 사겠다고 고집 부려서 친구를 당황하게 했다. 그때는 미처 알지 못했다. 계산서를 내 쪽으로 끌어당기려 조바심 내는 표정이 아니라 맛있게 먹고 밝아진 얼굴을 그 애는 보고 싶어 했을 것임을. 2유로 더 비싼지 아닌지는 조금도 중요하지 않았을 것임을. "한 번만 먹어봤으면" 하고 내가 노래 부르던 그 프랑스 전통요리를 맛보게 해주려고 그날 기꺼이 시간과 돈을 할애하려 했음을.

당시 내가 표현했어야 할 감정은 친구가 지불한 시간과 돈에 대한 미안함이 아니라 나를 위해 그것들을 내어준 사랑하는 마음에 대한 고마움이었다. 나의 미안함은 자기중심적이었다.

데미안은 싱클레어에게 알을 깨고 나오라 했다. 학생 시절 나를 아껴주신 선생님도 '자기 안에 갇혀 있지 말라'고 당부했다. 이제 헤르만 헤세를 읽으며 '허름한 허세'를 부릴 나이가 지났고 학생도 아닌 선생이 되었지만, 어느 저녁 여럿이 어디로 가던 길이었다. 동료 한 분이 여느 때처럼 내가 소속된 단과대 앞으로 차를 몰고 데리러 왔다. 뒷좌석에 앉으려 문을 열자 그의 점퍼가 거기 올려져 있었다. 그저 점퍼였지만, 그걸 보는 순간 엉뚱하게도 그날 내가 부린 고집으로 인해 상대방의 일과를 엉키게 만들었던 일이 떠올랐다. 그저 점퍼였는데, 내가 앉을 자리에 놓여 있던 그 옷은 마치 나에게 "이 고집쟁이야!" 하고 소리치는 것만 같았다. 옷을 옆으로 밀쳐놓으며 자책감이 들었다. 웃고 떠들고 맛난 음식을 먹으면서도 자꾸 표정이 어두워지려 해서 포커페이스를 지어내느라 혼났다.

그리고 며칠 후 유사한 장면이 재현되었다. 그때 보았다.

자신이 앉을 자리에 놓여 있던 동료의 옷을 발견한 다른 분이 그것을 나처럼 옆으로 밀쳐놓는 대신 차곡차곡 개켜 얹어두던 모습을. 부끄러운 마음이 일었다. 또 나는 갇혀 있었구나. 나의 감정은 심지어 배려나 미안함도 아니었구나.

　　그 후 나는 사랑하는 것이 무엇인지 알게 되었다고 생각한다. 그것은 자신을 부풀리고 과장하며 주도권을 쥐는 것이 아니라, 상대방에게 주의를 기울이고 그의 욕망과 리듬을 존중하고 아무것도 요구하지 않는 것, 그러나 받아들이는 것을, 하나하나의 선물을 인생의 기쁨으로 받아들이는 것을 배울 줄 아는 것, 그리고 자만하지 않고 강요하지 않은 채 똑같은 선물을, 똑같은 기쁨을 상대방에게 줄 줄 아는 것이다. 요컨대 단순한 자유다. 세잔은 무엇 때문에 생빅투아르산을 '매 순간' 그렸겠는가? 그것은 매 순간의 빛이 하나의 선물이기 때문이다. 따라서 삶이란 그 모든 비극에도 여전히 아름다울 수 있다. 그렇다, 미래는 오래 지속된다.

　　– 루이 알튀세르, 《미래는 오래 지속된다》, 이매진, 2008

미래가 오래 지속되는 것이라면, 그 모든 비극에도 여전히 삶이 아름다울 수 있다면, 아픈 배움들이 너무 늦은 것은 아니기를. 오늘보다는 내일 더 사랑하며 살 수 있기를 소망한다.

✱
나의
고래에게

       일주일에 한 번, 저녁시간에 그림책과 옛이야기를 공부한 적이 있다. 선생님이 주신 작품 목록 가운데 각자 한 편씩 골라 이야기를 나누었다. 윌리엄 스타이그의 아름다운 그림책《아모스와 보리스》를 알게 된 것도 그때였다. 줄거리를 요약하면 이렇다.

    생쥐 아모스는 바다를 동경해 손수 만든 배를 타고 바다 한가운데로 나간다. 어느 날 밤 갑판에서 떨어져 물속을 허우적거리던 중, 그는 고래 보리스를 만난다. 고래는 생쥐를 자신의 등에 태워 육지로 데려다준다. 여러 해 지나 풍랑이 일던 밤, 보리스는 파도에 휩쓸려 해변으로 떠밀려온다. 까끌까끌한 모래더미에서 말라가던 그를 아모스가 우연히 발견한다. 자그만 생쥐는 큰 코끼리 두 마리를 데려와 고래를 바다로 돌려보낸다.

낯선 세계에 던져진 주인공이 친구들의 도움을 받아 무사히 귀향하는 오즈의 마법사, 혹은 은인에게 보답하는 은혜 갚은 까치. 배송된 책을 펼쳐 후룩후룩 넘겨볼 때는 그런 교훈적인 주제일 거라 지레짐작했다. 그건 익히 보아온 서사 구조인 데다 새로운 감동을 주는 이야기도 아닐진대 왠지 여러 편의 그림책들 가운데 그 책에 유달리 마음이 끌렸다. 무엇이 그리 좋았을까. 다시 집어들어 찬찬히 페이지를 넘기니 이번에는 조금 다른 이야기가 보였다.

각자의 삶의 자리가 상대방에게는 살아낼 수 없는 세계인, 그렇기에 아무리 서로에게 각별한 존재라 할지라도 함께 있을 수 없는 이들의 관계 맺음. 요컨대 바다를 벗어나면 살 수 없는 사람과 대지에 발 딛고 살아야 하는 다른 사람의 관계 말이다. 더 나아가 나는 그것이 성(聖)에 속한 자와 속(俗)에서 살아가는 이의 이야기 같았다. 작가의 손을 떠난 작품이 각자의 이해에 따라 다르게 읽힐 수 있다면, 사람의 수만큼 다양한 해석이 허락된다면, 나에게 그 이야기는 그런 의미로 다가왔다.

생쥐 아모스는 바다로 나아가고자 공들여 배를 만든다. 바다에 관해 공부도 한다. 배에 치즈와 비스킷, 도토리와 꿀과 나침반과 놀이용 카드까지, 자신이 애착하는 것들을 차곡차곡 싣고 바다로 향한다. "타고난 뱃사람처럼 배에 아주 잘 적응하였다"라고 책은 묘사하고 있다. 이렇듯 아모스는 '배'에 잘 적응했다. 바다가 아니라 자신의 취향대로 안온하게 꾸며낸 배에. 그러면서 자신이 바다에 속한 자가 될 수 있다고 착각했던 것이다.

그런 그가 조난을 당한 것은 파도나 폭풍 때문이 아니었다. "광활한 밤하늘을 올려다보며 엄청나게 큰 우주 속에서 자신이 티끌처럼 작은 존재라는 걸 느낀" 순간 생쥐는 휘청, 물에 빠진다. 그는 바다를 동경했으나 세상 안에서 형성한 나다움을, 그 견고한 자의식을 내려놓고 하늘 아래 티끌 같은 존재가 될 수 없었던가 보았다. 그리하여 바다는 그가 지향하던 곳에서 속할 수 없는 곳으로 탈바꿈한다. 그곳에서 시름시름하던 아모스를 등에 태워 뭍으로 데려다준 것이 바로 보리스였다.

여정 중에 둘은 그간 살아온 이야기와 품고 있는 꿈들, 그리고 비밀을 함께 나눈다. 고래는 '섬세하고 손길이 가볍고 목소리는 작고 보석같이 빛나는' 생쥐에게, 생쥐는 '당당하고 힘 있고 결단력 있고 아주 다정한' 고래에게 감탄한다. 조력자와 도움 받는 이의 수직적 관계를 넘어서 이들은 서로에게 친구가 되어준 것이다.

둘의 여정 중에 고래 보리스가 등 위의 작은 친구를 깜빡 잊고 잠수하는 에피소드가 등장한다. 단잠에서 깨어난 아모스는 고래가 갑자기 물속으로 사라지자 당황한다. 그리고 이런 구절이 이어진다. "아모스는 화가 나서 소리를 지르다가, 보리스 덕분에 목숨을 구했다는 것을 기억해내고는 조용히 보리스 등에 올라탔어요. 그때부터 보리스는 잠수하고 싶으면 아모스에게 미리 말하고 대답을 들었어요. 보리스가 잠수할 때마다 아모스는 수영을 했지요."

'잠수하고 싶으면 미리 말하고 대답을 들었다'는 구절에 이르러서였다. 온유함의 겉옷을 입고 있던 내면 깊숙한 데서 새된 목소리가 쩽 울렸다. "오래전 그때, 많은 것을 바란 게 아니었는데. 당시 나는 그저 미리 말해주기를 기다렸는데"라고. 사실 잠수하기 전에 미리 말해달라고 청할 권리가 내게는 없었다. 한때 등을 내어준 고마운 사람이라 하여 항상 그리 해줄 의무가 있는 것은 아니었다. 그걸 잘 알면서도 마음 어디에 저런 앙칼진 것이 숨어 있었는지. 생각해보면 고래가 물속으로 잠수하는 것은 당연했다. 고래에게는 깊은 심연이 자신의 삶의 자리니까. 그러니 '언제'와 '왜'를 굳이 알려고 하지 않아도 되었다. 고래가 다시 수면 위로 올라올 여건이 될 때까지, 생쥐는 할 수 있는 만큼 혼자 헤엄쳐 가면 되는 것이다. 숨이 차올라 견디지 못할 만큼 힘들어지기 전에 고래가 수면 위로 몸을 내밀 것임을 신뢰하고 조바심 내지 않았더라면. 그때 만일 그랬더라면 어땠을까.

갖가지 기억들을 길어내어 글로 쓰면서도 끝내 건드리지 못할 어떤 시기가 있었다. 버둥거리던 나는 어느 고래 등에 올라 그 시간을 횡단해 대지에 다시 발 디뎠다. 이제는 내륙 깊숙이 들어온 듯도 하다. 그렇지만 행여 큰 풍랑이 일어 나의 고래가 파도에 떠밀려오면, 해변에서 그를 발견할 수 있도록 내 마음이 바닷가로부터 너무 멀리 떨어지지는 않기를 바란다. 나의 힘이 밀알보다 작음을 인정하고 큰 코끼리를 불러올 엽렵함을 갖기를 소망한다. 무엇보다 내가 은혜 갚은 생쥐 역할을 못해도 괜찮으니 그 고래는 일생 동안 풍랑 같은 것을 만나지 않기를 기원한다. 아일랜드의 오래된 기도문을 빌려 청해본다.

길이 솟아나 그대가 떼어놓는 발걸음에 가닿기를
거센 바람은 그대 등 뒤로만 불어오기를
따스한 햇살이 그대 얼굴을 반짝이며 비추기를

그대 텃밭에 단비가 스미기를

우리가 다시 만날 때까지

지켜주시는 손길이 그대 위에 머물기를

✳

가벼워지는,
혹은 무거워지는

대학교 1학년 때 필수로 들어야 했던 교양 과목은 실용영어, 교양영어, 교양국어 등이었고, 주로 교양관에서 수업이 이루어졌다. 나를 포함한 법대 새내기들은 수업과 수업 사이 쉬는 시간에 다람쥐길이라 불리던 오솔길을 뛰어다니며 이른바 '교양'을 쌓았다.

실용영어의 경우 엄정한 출결 관리 덕분에 학교 축제 즈음해서도 다들 몸은 출석했다. "마이 호비 이즈 플레잉 귀타르." "아이 웬트 투 하이스쿨 인 푸산." 이런 교과서스러운 영어를 본의 아니게 혀 꼬부라진 소리로 하던 동기들. 그 새어 나오는 발음 사이로 지난밤 술기운이 훅 끼쳐오곤 했다.

한편 교양영어 선생님은 후줄근한 점퍼에 안경 너머 퀭한 눈빛으로 장모가 얼마나 자신을 구박하는지 하소연하며 "여러분은 나중에 절대 대학원 가지 마세요"라고 당부했다. 꼭 공부하고 싶거든 결혼은 하지 말라고 덧붙였다. 지금 생각해 보면 영문학과 박사 수료생 정도 되셨을 것 같다, 그분은.

이렇듯 교양을 쌓는 데 그리 기여하지 않을 것 같던 필수 교양 과목들이었지만, 2학기 때 수강했던 교양국어는 좀 달랐다. 우리 반을 담당했던 선생님은 '법돌이'들과 '법순이'들을 앉혀두고 낭랑한 목소리로 황지우의 시를 들려주었다. 또한 수능 문제집의 지문으로만 토막토막 접했던 김승옥의 작품 전편을 같이 읽어 내려가며 국가에 대한 각자의 정치적 입장과는 무관하게 국어가 얼마나 아름다울 수 있는지 알게 해주었다. 단편소설《염소는 힘이 세다》의 문장들을 소리 내어 낭독했던 늦가을 1교시 수업 시간, 온몸을 휘감던 전율이 지금도 생생하다.

그 수업 과제 가운데 하나가 밀란 쿤데라의 장편소설《참을 수 없는 존재의 가벼움》의 서평을 써내는 것이었다. 외국 작품인지라 과목명에 안 맞는 감은 있지만 갓 사랑을 시작할 스무 살의 여러분에게 반드시 읽히고 싶어서 과제로 선정했다고 하셨다. 과연 갓 사랑을 시작할 스무 살에 다다른 나는, 그즈음 첫 소개팅에 나갔다. 강남역 근처 커피숍에서 만난 남자아이는 동갑내기에 전공이 경영학인가 그랬다. 새벽마다 시사영어 교습을 듣고 자기계발서를 일주일에 한 권씩 읽는다고 했다. 자기관리에 철저한 세련된 여자가 이상형이라면서, 나더러 자기관리를 위해 무얼 하느냐고 물었다.

왠지 심술이 났던 나는 자기관리를 위해 "마르크스의 혁명적 사상" 세미나를 한다고 답했다. 요즘 시대에 아직도 그런 걸 읽는 대학생이 있냐고 그는 되물었다. 나는 발끈해 알렉스 켈리니코스의 대변인이라도 된 듯 (이해 못한) 혁명적 사상을 (엉터리로) 읊었다. 이내 그의 눈빛은 세련되지 못한 여자를 보던 눈길에서 이단종교에 빠진 자를 바라보는 눈빛으로 바뀌었다. '너 같은 부류는 나도 별로거든?'이라고 생각하며 그 눈길을 똑바로 쏘아보았지만, 막상 그 친구가 내 휴대전화 번호도 묻지 않고 버스정류장까지 데려다주지도 않자 마음이 상했다. 밤에 돌아와 미루어두었던 서평 과제를 마무리 지었다. 마지막 구절은 이러했다. "그러한 모든 해석 가능성에도 불구하고 나는 공감할 수 없었다. 솔직히 내가 보기에 이 소설은 바람둥이(토마시)와 마조히스트(테레자), 변덕쟁이(사비나)와 우둔한 자(프란츠)의 이야기다."

오래전 일인데도 단어 하나까지 또렷하게 기억하는 이유는 당시 선생님이 푸하핫 웃으며 내 서평을 수업 시간에 읽어주었기 때문이다. 긴 설명도 덧붙였는데, 다른 건 기억이 가물하고 다만 토마시와 사비나가 가벼움을 표상하는 반면 테레자와 프란츠는 무거움을 대변한다고 한 말은 생각난다. 읽다 보면 때때로 가벼운 인물이 무거움을 덧입거나 혹은 반대로 무거운 인물이 가벼움을 가장하는 찰나들이 있다고. 나중에라도 그걸 인지하게 되면 우리 학생 또한 작중인물에게 연민과 애정을 가지게 될 거라고 했다.

휴일이면 혼자 찾아가던 작은 이탈리아 식당이 있다. 얼마 전 그곳 책장에서 그 책을 발견했다.《참을 수 없는 존재의 가벼움》. 그날따라 연인과 가족 단위 손님들이 많아 시선 둘 곳이 필요했던 나는 책을 꺼내 와서 테이블 위에 펼쳐두었다. 처음에는 건성건성 넘기다가, 밥을 다 먹고 커피도 따로 주문해 문 닫을 시간까지 읽었다. 그리고 다음 날 강의를 마치자마자 교내 도서관에 가서 그 책을 대출했다.

계속 책장을 넘기도록 이끌었던, 그리고 책을 덮고 나서도 마음에 남았던 인물은 토마시였다. 스무 살에는 '이런 바람둥이 같으니' 싶던 면면들만 들어왔는데 이번에는 동일한 텍스트에서 다른 무엇이 읽혔다. 여성 편력이 있는 토마시가 자신의 직업을 수행함에 있어서는 아주 작은 부분에도 소신을 굽히지 않는, 외과의사라는 직업과 사회적 지위를 내려놓으면서까지 당에 반발하며 신념을 꺾지 않는 모습이 그것이었다. 관점에 따라서 이는 정치적으로 올바른 자가 사생활은 문란한 위선으로도 보이겠지만, 내게는 오히려 반대로 와닿았다. 공동체의 윤리 차원에서 가볍다고 비난받을 만한 인물이 그 공동체 안에서 지켜가고자 하는 어떤 가치의 형형한 무게. 그것이 숭고하게 느껴지기까지 했다.

한편 떠나간 사비나에 사로잡힌 채 그럼에도 '안경잡이 여학생을 기꺼이 맞이하기 위해 배려'하고, 신념의 껍데기만 남은 상태로 그럼에도 시위에 참여하는 프란츠 역시 이해할 것 같았다. 예전엔 그저 우둔하게 보였던 그의 행동들이, 무거운 자아를 지닌 자가 거기 압사당하지 않고 살아내려 애쓰는 몸짓으로 읽혔다. 당시 지금의 내 나이였을 그 선생님이 말씀하신 "가벼운 인물이 무거움을 덧입거나 반대로 무거운 인물이 가벼움을 가장하는 찰나들"이 혹시 이런 것일지 싶었다. 나 또한 나이를 먹어 작중인물에 연민과 애정을 갖게 된 것일까.

그 연민과 애정에도 불구하고 마음에 걸리는 게 하나 있었다. 바로 소설의 핵심적인 주제라던 '사랑'이었다. 그것의 불가해함이었다.

소설 전반부에서 테레자는 아기처럼 토마시를 붙잡고 잠

들곤 했다. 팔목이나 손가락 하나, 혹은 발목을. 사랑은 나누되 누구와도 동반수면을 원치 않았던 토마시는 처음엔 그런 그녀에게 "나가야 돼"라고 단호히 말한다. "같이 갈래"라며 침대에서 일어난 그녀는 문을 밀치고 나와 그를 붙잡아야 한다는 생각으로 반쯤 자는 상태에서도 쫓아온다. 그는 계단 참에서 그녀를 기다렸다가 손목을 끌어당겨 포옹한다.

한편, 후반부에서 사비나가 프란츠와 헤어지기로 결심한 것은 사랑을 나누던 중 그가 "채 눈을 뜨지 못한 새끼짐승"처럼 애처로운 신음소리를 냈기 때문이다. 여러 정황과 이유가 있었겠지만 결정적 계기는 그 한순간이었다. 근육이 멋진 프란츠가 커다란 강아지처럼 여겨지던 찰나. 그녀는 마치 신생아와 동침하는 듯한 상상에 혐오감을 느끼고, 이게 마지막이라는 생각으로 한층 격렬히 사랑을 나눈다. 그리고 그 격렬함을 영원히 함께 살고 싶은 욕구의 표시라고 믿는 프란츠 곁을 영원히 떠난다.

테레자의 새끼짐승다운 애착은 떠나려던 토마시의 마음을 움직여 그녀를 이해하고 더욱 사랑하는 계기가 되었다. 반면 프란츠의 동일한 그것은 사비나로 하여금 그를 떠나게 하는 원인이 되었다. 왜 그랬을까. 알고 싶었다. 그러나 논리의 연쇄처럼 이어지는 쿤데라 특유의 관념적 서사 안에서도 답은 찾아지질 않았다. 아마 작중인물 스스로도 모르기 때문이리라. 자신이 대체 왜 그랬는지 말이다.

오래전에 누군가 말했다. 관계 안에서 '왜'라는 물음을 던져서는 안 된다고. 왜냐하면 자기 마음이 왜 그런지는 스스로도 모르니 말이다. 왜 좋았고 어디서 마음이 움직였는지. 무엇이 싫어졌으며 왜 차갑게 식어버렸는지. 그럼에도 궁금한 마음이 일었다. 사랑은 정말 이 소설에서처럼 불가해한 것일까. 체온을 나누며 살아가는 수많은 이들은 모두 그걸 감내하는 것일까. 사랑하고 깨어지고 또 사랑하다 보면 어느덧 그 불가해함마저 넉넉히 품게 되는 것일까. 품는다는 것은 깃털처럼 가벼워지는 과정일까, 아니면 깊이와 무게를 더해가는 과정일까.

5

❧

삶이라는
투쟁담

끌이라 생각해온 어느 지점은 끝이 아니다.

두근거리며 기다릴 무엇이 더는 남아 있지 않을 것만

같은 시기에도 우린 저마다 아름다운 시절을

하나 더 통과하는 중일 수 있다.

어쩌면 오늘도 그럴지 모른다.

삶이라는
투쟁담

일전에 한 친구가 이런 말을 했다. 자신은 여태껏 생의 지향점이 뚜렷하지 않지만 좋아하는 영화나 만화, 사람, 혹은 대화 방식 안에 일관되고 고유한 무엇이 있다는 걸 안다고. 그렇기 때문에 비록 현재가 불안할지라도 삶 자체는 신뢰한다고 말이다. 내가 매료되어온 이야기들의 일관되고 고유한 무엇은 '작은 사람이 떼어놓는 발걸음'이다. 불안정하고 불확실한 채 그럼에도 매일의 일을 하는 사람들의 이야기. 존 윌리엄스의 소설 《스토너》(김승욱 옮김, 알에이치코리아, 2015) 또한 그랬다.

이 책을 처음 알게 된 건 대학원생 시절, 외국에서 공부하던 무렵이었다. 서점에서 약속을 기다리던 중 "재발견된 보석"이라는 푯말이 걸린 진열대에서 생경한 제목의 소설을 보았다. 농대에 입학한 청년이 2학년 교양 수업 시간에 읽은 셰익스피어의 소네트에 이끌려 영문학자의 길을 택해 평생 교단에서 가르치고 연구하는 이야기. 이런 소개말이 적혀 있던 것으로 기억한다.

배우도 작가도 아닌 시골 대학 교수의 일생이라니. 소재가 독특했고 무엇보다 영어가 평이한 데다 할인하기에 한 권 샀다. 절반쯤 읽었을까. 재미없는 것은 아니었는데 진도가 쉽사리 나가지 않았다. 당시 내게 그 소설은 한 학자의 실패담으로 읽혔다. 과민하고 변덕스러운 아내와 숙적 동료 교수의 행태로 서서히 빛을 잃어가는 주인공의 수난이 답답했다. 악역의 훼방으로 꿈이 좌절되는 이야기는 속 터져서 못 보는 나로서는 읽기 어려웠다.

한참 지나 제주에서 교편을 잡은 후, 상경하여 교보문고에 들렀다가 동일한 제목의 소설을 발견했다. 국내에도 번역되어 있구나 하며 다시 샀다. 같은 책이었지만 이번에는 답답한 마음이 일지 않았다. 악역들이 일부러 주인공을 괴롭힌 것은 아님도 읽혔다. 스토너에게 아내가 이해 불가능했듯이 아내 또한 스토너를 견디기 어려웠겠지. 또한 국가와 민족을 말하면서도 일상에서는 부조리한 자들을 스토너가 용납하지 못했듯이, 반대편 사람들에겐 사회문제에 무심하면서 사소한 일에만 깐깐한 스토너가 답답하고 비겁해 보였을 것이다. 무엇보다 스토너가 빛을 발하지 못한 건 이들의 훼방 때문'만'은 아님이 이제 보였다.

　스토너는 수업에서 처음 셰익스피어 소네트를 읽고 세상이 다른 빛깔로 반짝이는 강렬한 경험을 했다. 그리고 그 경험은 그의 삶을 결정지었다. 하지만 그가 빠졌던 사랑은 냉정히 말해 일방적이었다. "이 소네트 의미가 뭐지?"라는 교수의 질문에 그는 변변히 답한 것도 아니었다. 자신의 느낌을 어떻게 언어로 설명해야 할지 몰라 엉거주춤 서 있었을 뿐이다. 그렇게 평생 스토너가 사랑했던 공부는 그에게 새침한 옆모습을 보여주었다. 힘겹게 달려가 어깨를 잡아 돌리면 견고한 등을 내어보였다. 그것은 연구 대상을 온전히 장악하지 못한 연구자의 한계였으리라. 아울러 그는 딱히 뛰어난 교육자도 아니었고, 그 점을 자신도 알고 있었다. 생기 넘치던 것들이 자신의 말 속에서 시들고, 감동을 주었던 것들이 강의 도중 차갑게 식어버린다는 것을.

　"자신의 능력이 부족하다는 자각에 고민한 나머지, 그 고민이 구부정한 어깨만큼이나 일부가 되어버린"채, 그는 그럼에도 불구하고 삶의 자리에서 매일의 일들을 해나간다.

392쪽에 달하는 이 소설의 이야기는 바로 그러한 일상의 연속이다. 큰 결실을 맺지 못한 노력들이 누적된 삶. 그것은 형언하기 어려운 감동을 주었다. 말하자면 소설은 천재의 실패담이 아닌 '삶이라는 투쟁담'이었다.

지구 저편에서 이 소설을 처음 읽던 무렵의 나는 "학위 따려고 유학 가는 건 신식민지적이라 생각해요"라고 함부로 말하던 되바라진 아이였다. 새로운, 더 새로운 것을 찾으며, 내 공부는 남들과는 다르다고 생각했다. 그 되바라진 아이는 공부의 긴 여정에서 엎어지고 깨어지면서 차츰 알게 되었다. 조금이라도 남들과 다른 이야기를 하기 위해서는 얼마나 엄정하고 깊어져야 하는지. 나 같은 초학이 망가지지 않기 위해 어떤 조심스러움을 가져야 할지도.

새침한 옆모습만 보여주는 연구 대상 앞에서 이제는 한 문장 한 문장을 이어가기가 무척 고되다. 온전히 이해하지 못한 이론을 한층 난해한 서술로 뭉뚱그려보려는 유혹과 싸우고, 치밀하게 파고들 지점에서 붕붕 날아다니기부터 하는 논지를 붙잡아 끌어내리며 특유의 감상적 문체를 고치는 작업은 그야말로 전쟁이다. 그 난리를 치르며 만들어낸 문장들이 타전되지 못한 채 식어버릴 수 있음도 안다.

그럼에도 가끔 글 쓰다 떨려올 때가 있다. 말하고 싶은 것이 있고, 잘 전하고 싶은 마음에 몸이 부들부들 떨릴 때가 있다. 휴강한다고 좋아서 학생들 몰래 입 찢어졌으면서도 수업하다 알아들은 눈빛들을 마주하면 선생이랍시고 자애로움이 퐁퐁 솟아난다. 함께 이거 공부하고 그다음에 저거 해봐야지 하며 마음이 부풀어 오른다.

《스토너》를 다시 읽으면서 주인공에게 깊이 이입되었다. 아무 장식 없는 표지를 손으로 쓸어보며 자신이 책을 썼다는 사실에 경이로움을 느끼는 장면에서. 학생들이 연구실로 찾아오기 시작하고 과제물에 조심스러운 애정과 상상력이 드러나기 시작하자 그가 기운을 얻어 한 번도 해본 적 없는 일에 도전하기로 마음먹는 장면에서도. 첫 페이퍼 쓰고서 좋다고 그걸 베개 아래에 넣고 잠잤던, "재밌네. 대학 수업이란 게 이런 거네" 하던 학생들의 대화를 훔쳐 듣고 화장실로 달려가 문 잠그고 히히히 웃던 내 모습이 문장들 위에 겹쳐 보였다. 나와 그대, 그리고 세상의 수많은 스토너들이 떼어놓는 작은 발걸음들이 저마다의 세상 끝 날 이 소설처럼 남겨지기를 소망한다.

토끼풀의
생존 본능

　　먼 나라에서 공부할 때였다. 어디서 공짜로 나
누어주던 작은 화분을 받아온 적이 있다. 익히 보아온 세 잎
클로버와는 달리 가느다란 가지에 하얀 꽃들이 종종 매달린
모양새였지만, 토끼풀과에 속하는 식물이라기에 그냥 '토끼
풀'이라 부르기로 했다. 창틀에 올려두면 햇볕 드는 쪽으로
몸을 기울이고, 아침에 눈 뜨면 봉오리가 전날 밤보다 조금
더 열려 있었다.

　하루는 화분을 난로 옆 탁자에 둔 채 물 주는 걸 잊고 방을
나섰다. 밤늦게 귀가했더니 토끼풀이 축 늘어져 있었다. 건
식히터 열기로 건조해진 방 안에서 답답하고 목이 말랐던가
보다. 얼른 물을 떠와 흙을 적셨다. 난로도 잠시 껐다. 몇 시

간 지나지 않아 풀은 기운을 차린 듯했다. 줄기가 스르르 고개를 들고 잎사귀에 생기가 돋았다. 그때의 애틋함이란, 직접 경험하지 않고서는 알 수 없을 테다. 화분 받아온 게 아니라면 따로 키울 생각도 안 했을 텐데 왜 그리 마음이 가던지. 그자그만 것이 내게 전적으로 의지한다고 생각하니 애틋했다.

그해 여름, 한 달 넘게 집을 비우며 제일 걱정되던 것이 식물이었다. 방학이라 기숙사도 문 닫고 모두들 떠날 텐데 '아무렇지도 않고 예쁠 것도 없는' 들풀이 심긴 증정용 플라스틱 화분을 어디다 맡기겠는가. 그렇다고 쓰레기통 옆에 두어 말라죽게 할 순 없었다. 고민 끝에 풀밭에다 옮겨심기로 했다. 오며 가며 눈여겨봐 둔 데가 있었다. 기숙사에서 연구소로 이어지는 오솔길 옆 잔디밭. 다음 날 이른 아침 화분을 들고 나섰다.

때마침 그곳에서는 잔디를 손질하고 있었다. 드르르르 기계가 지나갈 때마다 가지런히 머리 깎이는 잔디를 보니, 길고 삐죽한 내 토끼풀이 저기 들어가면 단번에 깎여 나갈 것 같았다. 화분을 내려다보자 식물이 고개를 바짝 치켜들고서 자기는 머리 잘리기 싫다며 울고 있었다. 화분을 안고서 수풀 안쪽으로 들어가 더 걷다 빈터를 찾아냈다. 볕이 잘 들지 않는 데여서 내키지 않았지만 별다른 도리가 없었다. 그나마 거기로는 잔디 깎는 기계가 들어오지 못할 듯했으니까. 흙을 손으로 파내어 토끼풀을 옮겼다. 풀이 자꾸만 옆으로 누웠다. 마음에 걸려 그날 밤 다시 가보니 벌써 이파리가 시들시들해진 듯했다.

가을 학기가 시작된 이후 그 오솔길을 피해 다녔다. 내 식물이 시들어 사라졌을 자리를 마주하고 싶지 않아서. 그러던 어느 날, 고단한 하루를 보내고서 저녁거리를 사러 식료품 가게로 향하던 길이었다. 발끝만 내려다보며 걷는데 저편의 하얗고 자그만 꽃이 얼핏 시야에 들어왔다. 나도 모르게 눈을 들었다. 거기, 있었다.

살아 있었다.

설령 세상에 가장 흔한 식물이 토끼풀이라 하더라도 나는 그것이 내 토끼풀임을 알았다. 하루라도 물 주는 걸 잊거나 창가에 두지 않으면 시무룩해지던, 그러다 마음을 써주면 이내 환하게 피어나던 그 식물. 이제는 야생풀이 되어 예전의 여릿함은 덜했지만 이파리가 넓적해지고 줄기도 단단해진 듯했다. 연약해 보였으나 생명력이 강했던 것이다.

마음이 부서지던 순간에도 나는 내려놓지 못했다. 힘들다, 힘들다 하면서도 손에 쥔 것들을 한 번도 놓지 못했다. 생을 그만두고 싶던 과거 어느 순간에조차 전화가 걸려오자 1초만에 받아서 "논문 교정지 곧 보내겠습니다!"라고 답했었다. 나는 싫었다. 스스로의 생존 본능이. 사랑하는 이들을 질리게 만들 내 그악스러움이 미웠다.

사실 난 식물이라면 활엽수와 침엽수의 차이 정도밖에 모르던 사람이다. 그저 돌보던 식물이어서 관심을 가졌고, 그것이 나한테 기대니까 애틋했을 따름이다. 하지만 그런 나도 살아 있는 토끼풀을 보며 '약한 척해놓고 참말로 그악스러운 생존 본능을 가졌구나'라고 생각하지는 않았다. 건강히 거기 있어 그걸로 좋았다. 대견하고, 좋았다.

그악스럽게 오늘을 살아내는 우리 역시 서로에 대해 그러리라. 그렇게 믿으려 한다. 약한 척하더니 생명력 하나는 끝내준다며 함부로 냉소하는 대신 안도의 숨을 내쉴 거라고 말이다. 바닥에 머리 처박고 울던 그대가 스르르 다시 고개를 들면 나는 그것만으로도 좋다고, 대견하다며 햇볕 같은 웃음을 그대 위로 쪼여줄 것이다.

❦
매일의
일들을

"하느님이 무지한 이들을 용서 안 하실 거라 생각하세요? 잘 아시잖아요. 일이 잘못되거나 지쳐서 절망 속을 헤매다가 어느 순간, 사람의 눈을 마주하면 마치 영성체를 한 듯 마음이 가벼워지는 그런 경험이요."

〈안드레이 루블료프〉(안드레이 타르코프스키, 1966)는 〈블라디미르의 성모〉, 〈삼위일체〉 등의 성화로 유명한 중세 러시아 화가이자 수도사인 안드레이 루블료프의 생을 다룬 영화다. 영화 초반에 민중의 우매함을 냉소하던 스승 테오파네스에게 반발하면서 젊은 루블료프가 던진 저 말은 올곧고 순수한 이상주의자였던 인물의 내면을 반영하는 동시에 영화 전반부를 지배하는 카메라의 시선 또는 입장이기도 했다.

루블료프가 동료 수도사들과 비를 피하려고 마을 헛간으로 찾아든 장면에서였다. 지체 높으신 나리들을 조롱하는 불경한 광대극을 구경하며 한창 배를 잡던 도중 뜻밖의 거룩한 불청객을 맞이한 마을 사람들은, 불편해진 공기 속에서 어색하게 침묵한다. 그런데 이 장면에서 루블료프의 시선에 담긴 사람들의 경계하는 모습은 마치 청소 시간에 장난치다 담임선생님한테 딱 걸린 학생들 또는 새벽 미사 시간에 꾸벅꾸벅 조는 복사단 꼬마들처럼 어딘지 정겨웠다. 그것은 그들을 향한 루블료프의 눈길이 첫 부임지에 온 신입 교사나 새 사제처럼 애정으로 충만했기 때문이리라. 이는 인물에 투영된 감독의 '인간을 향한 애정'이면서, 동시에 감독이 카메라를 통해 표현해보고 싶었던 '신의 마음'이었을 것이다.

성당 간다고 거짓말하고 양봉장으로 꿀 훔쳐 먹으러 갔던 견습 수도사의 부어오른 뺨을 바라보던 루블료프의 눈길과, 여러 해 함께 지낸 동료 수사를 향한 애착을 머뭇머뭇 고해하던 루블료프를 응시하던 카메라 너머의 눈길은 동일하게 온유했다. 따뜻한 볕 같고 투명한 물 같았다.

그런데 영화 중반 타타르족의 러시아 침입 장면에 이르러서는 그 온유함이 휘발되어 온데간데없었다. 영상 기법은 동일한 감독의 것이 맞는 듯했지만 같은 감독의 것이라고 믿

219

기 어려울 정도로 화형장처럼 잔혹하고 얼음처럼 차가웠다. 감독이 침략자 '오랑캐'에게 억하심정을 품은 러시아 순혈주의자나 민족주의자도 아닐 텐데 왜 이럴까. 혹시 내가 잔인한 장면 보는 걸 무서워해서 감성이 일순간 마비되었나 의아해하다가 어쩌면 그런 마비가 바로 감독이 의도한 바일지도 모르겠다는 생각에 다다랐다.

"삶에는 희망이나 꿈, 온기 또는 감정 같은 것으로는 도저히 헤치고 나갈 수 없는 순간들이 있다"고 어느 작가가 적었듯이, 뼈와 살이 으스러지는 실재하는 잔혹함 앞에서 고운 마음이나 따스한 시선은 무력해진다. 신이 침묵하는, 혹은 아름다운 얼굴을 감추어버린 것처럼 생각되는 순간들에 말이다. 사람의 눈을 마주하면 영성체를 한 것 같다던 휴머니스트 안드레이 루블료프는, 그 순간 이후로 사람의 눈을 똑바로 마주 보지 못하게 된다. 민중에게 두려움을 주기 싫어서 지옥도가 포함된 최후의 심판 벽화를 그리지 못하겠다던 그는 스스로를 포함한 인간들이 심지어 지옥도보다 잔인해질 수 있음을 목도한 이후 더 이상 그림을 그리지 않기로 한다. 붓을 꺾어버린 것이다.

한편 영화 후반부에 등장한 '종 만드는 소년'은 루블료프처럼 올곧고 순수한 이상주의자가 아니었다. 인간을 향한 사랑이 충만하지도 않았다. 대공의 명을 받아, 죽은 아버지 대신 교회 종탑 제작의 총책임을 맡게 된 소년이 '사실은 아버지가 종 만드는 비법을 알려주지 않은 채 죽었다'고 말미에 고백하기 전에도, 관객 누구나 그 아이의 호언장담이 거짓부렁이라는 것을, 종 만드는 비법 따위는 알지 못한다는 것을 짐작했을 것이다. 그에게서는 연륜과 덕성 대신 사람을 부리는 자의 오만함과 난폭함만 보였고, 그의 내면에는 장인의 품격이 아닌 변덕과 고집이 한 움큼 들어 있었으니까. 이는 한편으로 아직 소년의 인격이 덜 여문 탓도 있었겠지만 다른 한편으로는 불안감 때문이었을 것이다. 거짓말이 드러나는 순간 받게 될 잔혹한 처벌에 대한 두려움은 소년을 한층 예민하게 만들었을 테니 말이다.

그럼에도 우여곡절 끝에 큰 종의 외형이 완성되었다. 종의 첫 소리를 듣기 위해 마을 사람들이 몰려들고 대공과 외빈들까지 말을 타고 찾아온 그날, 소년은 한쪽 구석에서 바들바들 떤다. 그리고 종은 기적처럼 소리를 내었다. 밝고 투명하고 가장 청신한 소리를.

종은 어떻게 그토록 아름다운 울림을 만들어낼 수 있었을까.

소년은 신을 찬미하는 마음이나 사람들에게 희망을 주고

폰 바람이 아니라 그저 생존 욕구와 과시욕 때문에 종소리를 갈망했다. 그 마음으로 어쨌든 그는 매일의 일들을 했다. 좋은 흙을 찾고, 종에 녹여 넣을 은을 흥정하고, 버팀대 세워 넣는 문제로 다투고, 화로에서 종을 굽고, 표면의 흙을 떼어내는. 그가 수행한 하찮은 일들이 더해지고 더해져 아름다운 종소리가 울리게 했고, 사람들은 기뻐하며 웃었다. 그리고 그것은 루블료프의 마음을 움직여 그가 15년 동안의 침묵과 은둔을 깨고 다시 붓을 잡아 그림을 그릴 수 있게 해주었다.

긴장이 풀려 탈진한 채 쓰러져 울던 소년을 일으켜 안고서 루블료프는 말한다. "우리 함께 삼위일체 성당으로 가자. 가서 너는 종을 만들고 나는 그림을 그리자. 모두에게 이런 즐거움을 선물하고서 왜 너는 여기서 울고 있니?" 그 장면 위로 '종 만드는 소년'을 닮은 내 모습이, 그리고 나의 안드레이 루블료프들이 포개어져 보였다.

내가 사랑하는 이들에게 신이 좋은 선물을 주시길 날마다 기도했다. 그 마음은, 그렇지만 인간에 대한 깊은 이해를 전제한 것이 아닌 일방적인 선망이었음을 나는 안다. 더 가까이 다가가고픈 갈망. 상대에게 어여쁜 모습으로 남겨지고 싶은 바람. 뭐 그런 것들이었겠지. 일상에서 마주하는 이들에게는 제대로 사랑을 전하지 못하면서 '하늘에 계신 우리 아버지' 앞에서만 쉽사리 사랑을 입에 올리는 얕은 마음으로 그래도 날마다 바치는 기도와 남루한 매일의 '읽고 쓰고 배우고 가르치는' 일들이 더해지고 더해지면, 언젠가 나도 종소리를 낼 수 있을까. 투명하고 밝고 아름다운 종소리를.

그 종소리가 나의 안드레이 루블료프들에게 가닿기를. 그리하여 세상 어디나 존재할 '세상의 정치'에 지쳐 타인의 눈길을 마주하기조차 고단해지는 어떤 순간에 그이들의 일을 계속할 수 있도록, 힘을 보태어주면 좋겠다.

이대로 재촉하여 갈 테니

늦은 봄밤이었다. 오랜만에 만난 후배와 커피를 마시던 중 영화 〈이다〉(파벨 포리코브스키, 2013) 이야기가 나왔다. 후배는 마지막 장면에서 눈물이 쏟아졌다고, '그럼에도 불구하고 그 길을 가는' 이다의 발걸음에 몹시 이입되었다고 했다. 나 또한 그랬다. 마지막 장면에서 눈물이 흘러내려 엔딩 크레딧이 올라가고 상영관에 불이 켜진 후에도 멈추지 않았다.

"언니도 이다의 발걸음에 이입되었나요?"

후배의 물음에 이입되기보다 부러웠다고 답했다. 그러다 이윽고 "아니. 내내 부럽다가 마지막 장면에서 그 부러움이 동일시로 바뀌어서, 그래서 울었던 것 같아"라고 바꾸어 말

했다. 헤어져 돌아오는 길에 그 감정이 무엇이었을지 생각해
보았다.

영화는 1960년대 폴란드를 배경으로, 수녀원에서 자란 안
나가 종신서원을 앞두고 유일한 혈육인 이모 반다를 만나러
가는 데서 시작한다. 그리고 이모로부터 새로운 사실을 알게
된다. 자신의 본명이 '이다'이고, 유대인이며, 부모가 2차 세
계대전 당시 유대인 학살을 피해 시골마을에 숨어 있다 이
웃에 의해 죽임을 당했다는 것이다. 그녀는 이모와 함께 부
모의 시신이 묻힌 곳을 찾으러 여정을 떠난다.

폴란드 현대사를 잘 모르는 내가 느끼기에도 예고편과 홍
보 문구에서 기대했던 '사회적 기억'이 영화의 핵심은 아닌
듯싶었다. 시놉시스가 어떠했는지 몰라도 결과물 안에서는
아무튼 그런 것 같았다. 감독은 역사적 상흔의 복잡한 결을
치열하게 파고드는 쪽보다는 간결하게 스케치하는 방식을
택했다. 그렇게 만들어낸 장면들은 비극적인 역사를 이야기
할 때도 시리도록 정결해서, '저게 저렇게 아름다워도 되나?'
라는 조금은 당혹스러운 감정과 더불어 너저분한 내막이 생
략된 데 대한 아쉬움이 일었다.

초반부에 나는 그 여백이 '바깥에 서 있는 자의 호의 어린
시선'에서 비롯되었을 거라고 섣불리 넘겨짚었다. 중학생 때

폴란드를 떠나 서유럽 지식인으로 성장한 감독이 고국의 비극적인 과거를 소재로 끌어와 솜씨 좋게 뜯어 붙여 영상미로 포장했군, 하고 말이다. 하지만 이내 그러한 편견에 부끄러움이 일었는데, 이 작품에서의 여백은 얕은 미화와는 성격이 다른 듯했기 때문이다. 말하자면 그것은 외부의 시선인가 내부로부터의 목소리인가, 혹은 역사적 상흔을 치열하게 파고 들어가는가 아니면 수박 겉핥기식으로 넘어가는가의 문제가 아니라 소설적 텍스트와 시적 텍스트의 차이인 듯했다. 이 영화는 글로 치자면 산문보다 운문에 가까웠던 것이다. 시인의 관점으로 시대와 사람을 담아내고, 시 쓰기의 방식으로 기억을 소환하는.

그러다 중반부를 넘어가면서 이 절제된 화면이 단지 서술 기법이 아닌 주인공 이다의 내면 자체라는 느낌이 들었다. 성상 앞에 무릎 꿇은 이다와 그 옆에서 담배 피우는 이모 반다를 대비하는 식의 도식적인 이원화로 민망하기까지 했던 성과 속의 이항대립적 이미지들은 아마도 수도원 울타리 안에서 자란 어린 수녀의 세계관이었을 것이다. 또 끔찍했던 과거와 뻔뻔한 현재를 응시하는 비현실적이리만치 고요한 시선은 아픈 기억과 처음 조우한 그녀의 눈길인 듯했다.

그 화면들이 때론 도식적으로, 때론 반사실적으로 여겨졌던 이유는 영화의 역사 재현이 피상적이라서가 아니라 내가 주인공만큼 티 없는 성정을 갖지 못했기 때문이리라. 열세 살 때 황순원의 〈소나기〉를 읽으면서도 분홍 스웨터와 회색 치마에 목덜미가 하얀 서울 소녀 말고 나처럼 까만 계집애였어도 그 소년이 과연 업어 건넜을까 의문스러워한, 삐딱한 내면을 가졌었으니 말이다.

영화 〈신의 소녀들〉(크리스티안 문쥬, 2012)에 나오는 루마니아 수녀원의 "쟤가 쫓겨나면 대신 내 사촌이 들어올 수 있으니까"와 같은 너저분한 이해관계가 1960년대 폴란드라고 해서 없었을 리 없다. 다만 주인공의 시선에는 그런 것들이 포착되지 않았을 뿐이다. 신이 그녀의 심성에 넣어주었을 순수함으로 인해 말이다. 그것은 부러워한다고 해서 흉내 낼 수 있는 것이 아닌 타고난 영혼의 결일 것이다.

세속에 대해 알지 못하던 이가 세상의 번뇌로 방황하다 깨달음을 얻고 마침내 돌아와 절대자 앞에 서는 이야기는 구도 소설에서 흔한 레퍼토리다. 이 영화도 얼핏 그 공식을 따르는 듯했다. 수녀원 부속 고아원에서 자라나 서원을 앞둔 젊은 수녀가 혈육인 이모를 만나고, 자신의 태생과 가족의 비극에 대해 듣고, 침묵을 강요당한 역사적 상처들과 조우하고, '신이 있다면 대체 왜?'라는 의문을 품게 하는 추악함을 보고, 아름다운 음악과 남자를 알게 되고, 다른 삶의 가능성을 마주하고, 그러다 다시금 구도자의 길을 걷는 이야기일 테니까. 다만 결정적으로 달랐던 것은 '깨달음을 얻고' 부분의 부재였다. 줄곧 의심 없이 따라왔던 길 앞에 머뭇거리며 종신서원을 포기했던 이다는 신앙적 확신이나 깨달음을 얻고 수녀원으로 되돌아가는 것은 아닌 듯했기 때문이다.

"서원식에는 못 가도 그 시각, 너를 위해 술잔 기울일게" 하고서 바로 그 시각에 스스로 세상을 저버린 이모 반다의 깊은 상흔에 대해, '집 소유권을 우리에게 넘기고 우리 양심을 더 이상 괴롭히지 않는 조건으로, 내 손으로 죽인 너희 가족의 시신이 묻힌 곳을 알려주겠다'는 말을 입에 담으면서도 "수녀님, 우리 아기 강복해주세요"라고 머리 옹송그리는 이들의 뻔뻔하고도 지고지순한 신앙심 앞에서, 그리고 자기들이 갖다 쓰고 내다버린 드센 여성 동지의 장례식장에 가서 인터내셔널가나 부르는, 혁명과 이념은 그저 겉치장이 되어버린 저들의 정치를 두고, 이다는 말미까지 어떤 답도 얻지 못한 듯 보였다. 그녀가 앞으로 걷게 될 수도자의 길이 그것을 제시해줄 가능성 역시 뚜렷하지 않았다.

그럼에도 그녀는 계속 걷기로 한다. 이는 옳고 그름의 문제도 아니고 윤리적 결정이나 실리적 판단도 아닌, (어느 평론가의 말을 빌리자면) "형형한 실존적 선택"으로 보였다. 이 마지막 장면에 이르러, 영화 내내 고정된 채 움직이지 않던 카메라가 갑자기 몹시 흔들렸다. 아마 영화 전문가들이 말하는 핸드 헬드 기법이겠지. 그렇게 들고 찍는 카메라가 한참 동안 이다를 따라가는 장면에서 눈물이 흘러내렸다. 아무리 손으로 눈물을 떨어내도 화면은 자꾸만 흐려졌다.

자동차가 오는 방향을 거슬러, 단호하고도 허술함이 느껴지는 발걸음으로 불안정하게, 그렇지만 빠르게 걷는 이다를 카메라는 앞에서 비추면서 뒷걸음으로 나아간다. 그것은 마치 아기가 걸음마를 배울 때 혹은 어린아이가 처음 스케이트 탈 때, 앞에서 뒷걸음으로 걸으며 안 넘어지도록 살뜰하게 살피는 누군가의 시선처럼 느껴졌다. 그 누군가가 나에게 있어 어떤 존재인지는 굳이 적지 않겠다.

아직 캄캄하게 보이는 길로 불안정하고 미숙하더라도 이대로, 재촉하여 갈 테니 부디 그 발걸음을 축복하며 비추어 주기를 청한다.

﹅

두 발 닿을 그곳이
지상이기를

캄캄한 우주에 버려진 것 같은 순간이 있다. SF의 외연을 지닌 영화 〈그래비티〉(알폰소 쿠아론, 2013)는 그런 내적 고통을 은유적으로 그려낸 작품이다.

극중 스톤 박사의 고난을 야기한 대상은 미처 예측할 수 없었고 설령 알았다 할지라도 무력하게 당해야 했을, 우주 탐사 중 날아든 인공위성 파편들이었다. 하지만 진실로 견디기 어려웠을 아픔은 폭력적인 폭발이 지나간 이후 찾아왔다. 숨 쉬기 힘든 와중에도 엄마 치맛자락마냥 붙들어 쥐었던 선배 비행사 맷과의 끈이 끊겨 홀로 남겨지면서였다. 그녀는 이제껏 매뉴얼로만 배워 알던 과학 지식들을 복기하며 이런 저런 시도를 해보지만, 한번 위태롭게 기울어진 상황이 블록 버스터 액션영화에서처럼 일순간 극적으로 호전되지는 않는다. 이 터널을 지나면 웃을 수 있기를 희망하며 꺾인 무릎을 일으켜 세워도 저편에는 다른 어두움이, 그 너머로 또 다른 난관이 아귀처럼 입을 쩍 벌리고 있다.

마침내 그녀는 지친다. 산소가 소진되기까지 기다리기보다 차라리 '지금' 죽고자 산소 공급 스위치를 내린다. 그때 실종된 줄 알았던 맷이 거짓말처럼 문을 열고 들어온다. 본인이 우주에서 제일 오래 유영한 기록을 세웠을 거라고, 너스레를 떨면서 말이다. 그 장면에서 눈물이 왈칵 쏟아졌다. 그가 살아 있음에 안도해서 혹은 기적적 조우에 감동받아서가 아니었다. 그것은 주인공의 환영임이 분명해 보여서였다. 운명의 폭력에 휘둘리느니 생명의 스위치를 스스로 내리고 싶은 어떤 순간, 내면 깊숙한 곳 혹은 세상 너머로부터 타전된 각별한 존재의 환영과 환청이 살아내라며 그녀를 추동한 것이다. 그녀는 재차 지구 귀환을 시도하게 된다.

우주선이 슝 날아가 지구에 곧장 안착하는 기적은 역시 일어나지 않는다. 난관은 다음 장면에도, 그다음 장면에도 이어진다. 세속적 의미에서의 운명이란, 가지지 못한 자와 이미 잃은 자에게 그악하고 무자비하니까. 마지막 시도 직전에 스톤 박사는 중얼거린다. "이제 가능성은 둘이겠지. 돌아가서 멋진 모험담을 들려주거나 아니면 앞으로 10분 안에 불타 죽거나. 어떤 경우든 엄청난 여행일 거야." 그리고 그녀의 두 발은 마침내 지상에 닿았다.

이 글을 쓰기 몇 주 전 혈액 검사 이상 소견으로 골수 검사를 받았고, 재생 불량성 빈혈 진단을 받았다. 심각하지 않게 여겨지는 병명과 달리 희귀난치성 질병으로 분류되며, 원인 미상이라 했다. 담당 의사 선생님이 30년 넘게 진료하며 단 두 차례 보았다는 '저절로 나아진' 임상 사례가 나였으면 싶고, 험한 길에서는 하느님이 나를 걸리는 대신 품에 안아 건넸으면 좋겠고 그렇다. 하지만 아마 몇 달 안으로 토끼 혈청이란 것을 투여하는 치료가 시작될 테고, 거기에 몸이 반응하지 않으면 기증자를 만나기 어려운 데다 숙주 반응 부작용이 뒤따른다는 조혈모세포 이식을 고려해야 할 것이다. 솔직히 겁이 난다. 투병 과정이. 내겐 생의 전부인 공부하고 가르치는 일과 사랑하는 학생·동료 공동체로부터 떼어내어져, 20~30대를 헌신하여 가까스로 빠져나온 어떤 어둠으로 다시 들어가는 것은 아닐지.

이 글을 읽고 있는 이들 가운데도 있으리라 생각한다. 더 독한 병으로 투병 중인 분과, 피처럼 소중한 존재를 떠나보낸 분과, 이번 경제위기로 생계가 어려워진 분과, 미처 헤아리지 못할 다른 이유로 죽음의 시간을 관통 중인 분이. 캄캄한 우주에 버려진 것 같은 상황은 단숨에 호전되지 않을 것이다. 터널 끝에 또 다른 난관이 입 벌리고 있을지도 모른다.

그렇지만 난 믿는다. 생의 스위치를 내리고 싶을 만큼 힘들 때는—스톤 박사를 찾아온 맷의 환영과 환청처럼—그 시기를 넘길 힘과 위로가 내면에서든 외부에서든 우리에게 주어질 것임을. 여행을 계속하다 마침내 두 발 닿게 될 그곳이 지상이기를. 단단한 땅을 딛고 선 그대와 내가 "감사해요"라고 말할 수 있기를 소망한다.

오백 번
넘어지더라도

　　학위를 받은 후 어느 대학 부설 연구소에서 일할 때였다. 전공은 다르지만 연구 관심을 공유하던 동료 셋이서 공동 강연을 한 꼭지 기획했다. '무작정 상경: 서울역의 사회·문화사'라는 주제였는데, 전날 오후에 합을 맞춰보니 내가 준비해온 부분이 가장 재미가 덜했다. P선생님이 강연의 뼈대를, K선생님이 강연의 심장을 담당한다면, 나는 청중의 졸음을 도맡을 듯했다. 그래도 짧은 기간 동안 함께 만들어낸 결실에 뿌듯해 힘이 났다.

　　힘이 너무 나서였는지 리허설을 마치고 합동연구실로 내려가는 도중 층계를 힘차게 헛디뎠다. 여러 번 구르다 돌계단 모서리에 등과 허리를 부딪쳤다. 혹시 척추를 건드려 마비되는 건가 겁을 집어먹었지만 팔다리가 멀쩡하게 움직이기에 괜찮은가 보다 했다. 그런데 잠시 후 보니 팔에 피가 송골송골 맺혀 있었다. 다리도 여기저기 긁혔고, 말끔히 다려 입고 온 치마에는 온통 흙물이 들었다.

혼자 가겠다고 고집부리는 나를 부축해 두 분이 학내 의무실까지 가주셨다. 그 상태로 굽 높은 구두를 신으면 안 된다고 해서 K선생님의 슬리퍼도 빌려 신었다. 나란히 오솔길을 걸어 학생회관풍 건물에 위치한 의무실로 찾아가자니, 어릴 적 체육 시간에 뜀틀하다 넘어져 친구들과 양호실 가던 기억이 떠올라 마음이 노란 풍선 같아졌다.

달달한 걸 먹으면 기운 날 거라며, 들어가는 길에 P선생님이 팥빙수를 사겠다고 했다. 허름한 빵집 테라스에 셋이 동그랗게 앉아 다디단 팥과 찹쌀떡과 프루트칵테일 얹은 옛날식 빙수를 먹었다. 흙물 묻은 흰 치마를 입은 채 '깔맞춤' 하듯 팔다리에는 하얀 거즈를 붙이고서 뭐가 그리 재미났던지 자꾸 웃음이 났다. 머리 위로 눈부신 햇살이 쏟아지는 것도 아닌, 그저 그런 후덥지근한 오후였다. 그렇지만 이 순간이 찬란한 볕으로 남을 것을 나는 예감했다.

빵집에서 돌아와 각자 마무리 작업을 하다 보니 저녁시간을 훌쩍 넘겼다. 뭘 좀 배달해 먹자는 이야기가 나왔다.

복도로 나가 중국집에 전화하고 들어오니 맞은편 책상에 앉은 P선생님의 뒤통수가 보였다. 순간 웃음이 터졌다. 그분 특유의 학자다운 반듯한 뒷모습을 한 채 구글 검색창의 짬뽕 이미지들을 뚫어져라 들여다보고 있는 게 아닌가? 세상에, 얼마나 배고프셨으면.

"예? 짬뽕요?" 왜 웃냐고 물으셔서 자초지종을 말씀드리자, 그분이 가까이 와보라며 모니터 화면을 보여주었다. 짬뽕은커녕 음식 사진도 아닌, 일제강점기 경성역 이미지들이었다. 강의 자료 사진을 찾고 있는 모습이 대체 왜 방금 전에는 그렇게 보였을까. "이소영 선생님이 배고팠네, 배고팠어." 두 분이 놀리셨다. 자장면과 짬뽕과 군만두를 나누어 먹고 나서 자정 무렵까지 일했다.

나는 원체 잘 넘어지는 편이다. 그 후로도 예닐곱 번은 꽈당 해서 무릎 깨지거나 손바닥에 핏방울이 맺혔던 것 같다. 그런데 이상했다. 피학성 쾌감을 즐기는 사람도 아니면서, 매번 상처를 소독해 약 바르고 거즈 붙이는 동안 마음이 난로 위에 올려둔 주전자처럼 기분 좋게 데워지곤 했다. 흐리든 비가 쏟아지든 머리 위로는 해가 쨍쨍한 느낌이었다. 그런 날엔 으레 팥이 든 찬 거나 중국집 배달 음식이 생각났다. 그것이 내겐 '아플 때 엄마가 만들어준 닭고기 수프'인 셈이다.

이렇듯 나한테만 의미를 갖는 사소한 장면이 당장 떠오르는 것만도 백 가지는 된다. 한 기억을 다섯 번씩 불러낸다 하더라도 살아가며 오백 번의 아픔은 견뎌낼 수 있을 테다. 그 가운데 하나를 꺼내어 썼으니 여전히 아흔아홉 개 남았다. 그러니 어디서 칼을 날리고 독화살을 쏘더라도 다치지 않을 것이다. 머리카락 한 올 잃지 않을 것이다. 속살의 속살 같은 기억을 한 아름 품은 나는 그 순간 햇살 가득한 언덕을 뛰고 있고, 포도밭을 지나 양 떼를 넘어 저녁 종소리에 달려가 하얀 달 하얀 별 새하얀 식탁에서 하얗게 웃고 있을 테니까.

✿

하나 더
통과하는 중

　　학생 시절부터 각별했던 이들과 오랜만에 즐
겁게 웃었는데, 기분 상하거나 슬플 일 하나 없었는데, 헤어
져 돌아오던 길에 심장이 에여왔다. 가만히, 정적 가운데 내
면에서 무언가 무너져 내리는 느낌을 받았다. 이 관계가 예
전 같을 수 없을 것임을, 누구의 탓도 아니지만 우리는 매끈
하고 예의 바르게 서로에게서 점차 멀어질 것임을 예감했다.
그 예감에 대해 더 깊이 생각하게 될까 봐 겁이 났다. 생각하
면 표현하고 싶어질 테고, 표현하면 소중한 감정이 휘발될
것 같아서. 생각을 끄기 위해 라디오를 켰다. 영화 〈화양연
화〉의 주제 음악이 흘러나오고 있었다. 3년 전 봄밤이었다.
　　그날 생각지 못한 연락을 받았다. 학술 연재를 함께하며

가까워진 선생님이 제주에 오셨다고 했다. 반가운 마음에 다음 날 저녁, 버스 타고 아랫마을로 향했다. 직접 꺾어 손질한 고사리를 한 움큼 갖다드리고, 선생님과 동료 분들의 담소에 잠시 끼어들어 사회·문화사의 재미난 일화들을 들었다. '하이볼'이란 술도 처음 마셔봤다. 취기가 조금 오른 나는 며칠 전 위내시경을 받았을 때 의사 선생님으로부터 위가 아기같이 깨끗하다고 칭찬 들었다며 뜬금없이 자랑했다. 아기 위를 가진 기념으로 한 잔 더 마시고.

그다음 날은 오후 늦게까지 수업하고 나서 교내식당 닫기 10분 전에 뛰어갔다. 좋아하는 달걀말이가 반찬으로 나왔기에 한 조각 더 주십사 부탁하자 배식하던 아주머니가 남은 세 조각 전부 내 식판에 올려주셨다. 잠시 후 마감 중인 배식구로 누가 급히 달려왔다. 친한 동료였다. 그의 몫이었어야 할 달걀말이를 내가 먹어치운 게 미안해서 후식을 사기로 했다. 원래 둘 다 시간을 절약하고자 '혼밥'을 했던 건데 등나무 아래서 아이스크림을 핥으며 한참 웃고 떠들었다.

얼마간의 시간이 흐른 지금, 〈화양연화〉 주제 음악을 들으며 떠오르는 건 '매끈하고 예의 바르게 멀어질' 것임을 예감하고 슬퍼했던 순간이 아니다. 그때의 감정은 이미 흐릿해졌고 통각 역시 무뎌졌다. 현재 그리움으로 각인된 건 그날이 아니다. 다음 날과 그다음 날의 사소하고 시시한 웃음들이다.

스물 몇 살에 영화 〈화양연화〉(왕가위, 2000)를 볼 때는 서로에게 차츰 끌리던 두 주인공이 공간을 빌려서 함께 무협소설을 집필한다는 설정이 당혹스러웠다. 가령 차우(양조위)가 진지하면서도 수줍게 '무협소설을 써보려 하는데 도와줄 수 있을지' 묻거나, 첸 부인(장만옥)이 새침한 표정으로 "저 없이도 (무협소설) 잘만 쓰시잖아요"라고 답하는 장면 말이다. 조명이 어두운 붉은 방에서 시나리오도 서정시도 아닌 무협지 원고라니, 산통 깨는군 싶었다. 작품 분위기에 맞지 않는 옥의 티라고 생각했더랬다. 십수 년이 지나 재개봉한 영화를 다시 관람하며 이번에는 동일한 장면과 대사가 아프게 닿았다. 저토록 허술한 가면 뒤에 숨어 마음의 일렁임을 감추려 했다니. 상대방과 자신을 속일 수 있으리라 믿었다니.

각자 사랑하는 사람에게 배신당하고 캄캄한 데 버려졌다고 낙담했을 날들이 도리어 그들의 가장 아름답고 찬란한 시절이었다. 당시엔 미처 알지 못했겠지만. 아니 인정할 수 없었겠지만. 잃어버린 대상에 대한 당위적인 그리움에 갇힌 채 무협소설 운운하며 애써 마음을 부정하던 그때, 둘은 화양연화(花樣年華)를 관통 중이었던 거다. 어두운 터널 끄트머리에 이르러서야 우리는 깨닫는 듯하다. 어떤 의미에서 그 터널이야말로 찬란했음을. 그리움에 사로잡혀 뒤돌아보던 우리 머리 위로 반짝이는 순간들이 하늘의 별처럼 가득했었다는 사실을. 이 역시 훗날 또 다른 그리움으로 남을 것임을.

나는 안다. 끝이라 생각해온 어느 지점은 끝이 아니다. 거기에 빛나는 것들이 새로이 채워 넣어질 것이다. 두근거리며 기다릴 무엇이 더는 남아 있지 않을 것만 같은 시기에도 우린 저마다 아름다운 시절을 하나 더 통과하는 중일 수 있다. 어쩌면 오늘도 그럴지 모른다.

6

⁂

생의
반짝이는
순간

삶이란 이렇듯 찬미할 만한 것이다.

우체국 갈 때의
얼굴로

큰 우체국에서 지갑을 잃어버린 적이 있다. 선물소포를 포장해 부칠 때만 해도 있었는데 포장 봉투를 버린 다음 한참 걷다 보니 아뿔싸, 수중에 지갑이 없었다. 가능성은 두 가지였다. 선반에 두었던 지갑을 누가 훔쳐갔거나 봉투를 버릴 때 딸려 들어갔거나. 사실 후자의 가능성은 낮았다. 아무려면 쓰레기통에 지갑을 넣을 만큼 정신줄 놓고 살진 않을 테니 말이다. 그렇지만 그나마 되찾을 희망이 있는 경우 또한 후자였다.

부끄러움을 무릅쓰고 커다란 쓰레기통으로 머리를 집어넣어봤지만 텅 비어 있었다. 쓰레기통 뚜껑 열고 고개를 들이미는 고객을 본 우체국 직원이 저편에서 달려왔다. 자초

지종을 들은 그분은 10여 분 전에 비워진 쓰레기가 이미 지하 처리장으로 내려갔다고 했다. "그럼 어쩔 수 없네요" 하고 돌아서는데 "뭐가 어쩔 수 없어요? 가보면 되죠"라며 나더러 따라오라는 게 아닌가. 지하층으로 내려가니 아까 버린 종이봉투가 저편에 얼핏 보이는 듯했다. 저쪽 같다고 하자 그분은 쓰레기 더미 안으로 그야말로 불도저처럼 돌진했다. "지갑 무슨 색이에요?" 물으면서. 괜찮다고, 정말로 괜찮다며 그분의 팔을 잡아끌어 나왔다. 지갑 같은 것은 아무렇지 않아졌다. 비닐 재질로 된 저렴한 물건이었고, 안에 든 돈은 많아야 만 몇 천 원이었을 것이다. 요즘처럼 현금을 거의 안 갖고 다니는 세태에 남의 지갑 훔칠 만큼 어려운 이라면 내가 작은 도움을 드렸다 치자, 그런 호기로운 마음마저 솟았다.

세상에서 제일 친절한 사람들이 일하는 공간 가운데 하나가 내겐 우체국이다. 여러 해 전에는 이런 일도 있었다. 서점에 들렀다 충동적으로 카드를 한 세트 산 나는 선배 선생님들에게 보낼 연하장을 부치러 우체국에 갔다. 연말이라 사람이 아주 많았다. 직원의 말로는 일반엽서는 4~5일가량 소요될 거라고 했다. 그러면 새해일 텐데, "메리 크리스마스"라 쓰인 카드를 연초에 받으면 얼마나 김이 새겠는가? 더 빠른 방법은 없는지 물었더니 특급등기라는 게 있다고 했다. 무심코 "그걸로 해주세요." 하자 그분은 내 손에 쥔 봉투들과 내 얼굴을 번갈아 보더니 "근데 이거 연하장 아닌가요?"라고 물었다.

특급은 직접전달이 원칙이라 수령인에게 전화가 간단다. 수령지로 기재된 대학들은 현재 방학일 테고 수령인들은 손 윗사람일 듯한데, 오히려 받는 분을 번거롭게 할 수 있다는 것이다. 그러면서 연하장은 늦게 받아도 기분 좋은 법이라며 일반우편으로 보낼 것을 권했다. "네? 네…" 하며 엉겁결에 그렇게 했다. 그리고 두고두고 고마운 마음이 들었다. 사실 그분이야 안에 든 내용물이 연하장이든 업무서류든 알 바 아니었을 것이다. 사람들이 밀려들어 정신없는 와중에 수령지와 고객의 표정에서 그것이 '긴급하지 않음'을 유추했던 따스한 관심과, 우편 매너에 무지한 사회 초년생이 부끄러움을 당하지 않도록 조언해준 배려에 감사했다.

왜 우체국에 가면 항상 좋은 분들을 만날까. 문득 궁금해 졌다. 우정사업본부가 구글처럼 꿈의 기업이라도 되는 걸 까? 그런데 떠올려보니 외국에서 지낼 때도 그랬다. 지구 건 너편에서 공부할 무렵, 지인에게 부칠 소포 꾸러미를 품에 안고 있었더니 할아버지 직원분이 "왜, 너도 그 소포와 함께 바다 건너로 날아가려고?"라며 농담을 던졌다. 그리고 이어서 "너의 그 웃음이 참 좋다. 넌 앞으로도 항상 그렇게 웃으며 살아라, 알았지?" 하셨다. 웃음이 예쁘다는 칭찬은 그때 처음 들어봤다.

우체국에서 '먹어주는' 얼굴인가 보다 하며 친구들과 농담을 주고받다 생각해보니, 그곳에 갈 때면 나는 언제나 웃고 있었던 듯하다. 내 엽서나 선물 꾸러미를 받게 될 상대방의 놀라움과 즐거움을 상상하며 아이스크림을 갓 꺼내든 아이처럼 표정이 환했을 것이다. 우체국에서 상냥한 이들만 만났던 것은 그분들이 실제로 친절하기 때문이기도 하겠지만, 한편으로는 선물 보내는 순간의 설렘이 그분들에게 전해져서일지도 모르겠다. 해마다 내 앞에 놓일 하루하루를 우체국 찾아갈 때의 얼굴로 맞이하다 보면, 매해 연말 즈음 '웃음이 예쁜 얼굴'에 조금 더 가까워져 있지 않을까 상상해본다.

생의 가장
반짝이던 순간

　가까운 동료와 교내식당에 가서 늦은 점심을 먹고 있었다. 수저를 뜨다 말고 우리는 첫눈에 반하는 것이 과연 가능하냐는 논쟁을 벌였다. 처음 만난 날 '저 사람이다'라는 느낌을 받아야 연인관계로 발전하는 경우가 경험적으로 많더라는 게 그분의 분석이었다. 그러나 나는 첫 느낌이란 대부분 외모에서 비롯되는 것 아니냐며, 남자들에게는 진정 예쁜 얼굴만이 이끌림의 조건인지 물었다. 그분은 그런 이끌림은 객관적 외모의 문제가 아니고 성차의 문제만도 아니며, 인간 본연의 속성이라고 반박했다. "선생님도 평소 흠모하던 모 교수나 모 평론가를 닮은 사람이면 첫눈에 끌리지 않겠어요?"라고 되물었다.

"그건 이야기가 다르죠." 당황하여 얼버무리자, 뭐가 다르냐며 곧장 반격을 해왔다. 가만히 보면 이소영 선생님은 동성에 대해서는 친한 순서대로 예쁘다고 하는 반면 이성에 대해선 엄정한 잣대를 갖고 있다는 것이다. 발끈한 내가 반박할 논거를 고르는데, 탁자 저편에서 우리 대화를 가만히 듣고 있던 같은 단과대 선생님이 "젊은 교수님들의 이야기에 끼어들기 민망하지만 제 경우는요" 하며 말문을 뗐다.

유학을 길게 다녀온 데다 연구를 위해 자연 속으로 자주 들어가야 하는 전공인지라, 선생님은 늦도록 연애나 결혼에 관심을 갖지 않으셨단다. 지인의 지인을 소개받는 자리에도 엉겁결에 지리답사 다녀오던 작업복 차림새 그대로 나갔는데, 여자분에게 죄송하고 부끄러워서 그 자리에서는 아무 생각도 안 들었다고 했다. 불쾌할 법한 상황인데도 개의치 않던 그분에게 고마운 마음이 일어 제대로 된 만남을 다시 청했고, 그렇게 두 번째로 만난 날이었다.

영화를 본 후 고궁 안뜰을 산책하던 중, 두 사람은 서로가 들려주는 이야기에 깊이 빠져들어 뜰 내부를 몇 바퀴나 걸었는지 모르겠다고 했다. 상대방이 말을 어찌나 사랑스럽게 하던지, 말하는 모습 자체도 그 이야기 속에 들어 있는 마음 씀씀이도 일관되게 예뻐서 꼭 안아주고 싶었다고, 결혼하자는 소리가 여러 차례 입 밖으로 나오려 했으나 겨우 두 번째 만남에서 청혼하면 '없어 보일까 봐' 말 삼키느라 무척 힘들었다고, 고궁 안뜰에 서 있던 십수 년 전 아내의 모습이 지금도 선연히 떠오른다고 했다.

"제가 정말이지 꼭 안아주고 싶어가지고"라며 품에 안는 몸짓을 하던 사춘기 소년 같은 모습이 잊히지 않는다. 말수가 적고 항상 조심스럽던 선생님은 오래전 그날의 설렘을 재연하며 목소리가 평소보다 몇 톤 높아지고 두 뺨은 복숭아처럼 되셨다. 여러 해 동안 함께 지내며 그런 모습은 처음 보았다. 짐작건대 앞으로도 두 번 다시 목도하기 어려운 찰나였을 테다.

영화 〈원더풀 라이프〉(고레에다 히로카즈, 1998)에는 세상을 떠나는 여정 중에 사람들이 하늘로 향하는 길모퉁이 사진관에 일주일 동안 머물며 생의 가장 반짝이던 순간을 고르는 장면이 나온다. 저마다의 기억을 사진으로 찍어서 품에 안고 천상으로 올라가는 것이다. 영화 중반까지는 각자 행복했던 순간을 고르기 위해 그곳 상담 선생님에게 기억을 꺼내어 보이는 개별 면담이 소소하게 펼쳐진다. 한 여자아이는 디즈니랜드에 가서 놀던 일을 재잘거리고, 어떤 할아버지는 카사노바 시절에 '재미 좋았던 일'을 쑥스럽게 고해한다.

한 할머니는 어릴 적 터울이 많이 나던 오빠가 꼬까옷 사준 기억을 고른다. 동네 유지의 딸들이 입고 다니던 원피스가 마음에 들었던지, 어느 날 오빠가 도쿄 시내를 뒤져 똑같은 옷을 구해왔단다. 그 옷을 입은 꼬맹이 동생을 자랑하고 싶었던 오빠는 "빨간 밥 사줄게"라며 구슬려 자신을 데리고 나갔는데 돌이켜보면 그게 치킨라이스였지 싶다고. 경양식집 가서 오늘 배운 빨간 구두 춤을 춰보라 하면 치킨라이스 먹고 싶은 마음에 또 그걸 하고, 그러면 오빠 친구들이 아이스크림 사준다며 데려가고 그랬다고 말이다. "그런 게 얼마나 재밌었는지 몰라요. 그 옷 그대로 입고서. 먹을 것에 낚여 여기저기 따라다니고." 이렇게 말하며 할머니가 감자꽃처럼 웃는데, 영화를 보다 슬퍼서가 아니라 아름다워서 눈물이 난 것은 그때가 처음이었다.

그날 교내식당을 나서며 깨달았다. 선생님은 언젠가 훗날 길모퉁이 사진관에서 떠올릴 생의 가장 반짝이던 순간을 좀 전에 우리에게 들려주었다는 것을. 글자로만 접해본 '해처럼 웃는 얼굴'이 무엇인지 내가 보았음을. 3000원짜리 학식을 먹다 뜻밖의 선물을 받았으니 삶이란 이렇듯 찬미할 만한 것이다.

사랑하며
살고 있기를

"누가 나오래 누가….''

"김밥 사줄까?''

"아, 됐어.''

어느 늦은 밤이었다. 버스에서 내려 발밑만 보며 걷다 나도 모르게 고개를 들었다. "누가 나오래"에 "김밥 사줄까?"라 동문서답하는 대화의 이어짐이 특이하게 들려서. 고등학생으로 보이는 여학생은 퉁명스레 됐다고 하면서도 골목 어귀에 서 있던 아주머니 팔에 달라붙었다. 야간 자율학습을 마치고 온 딸을 엄마가 정류장까지 마중 나온 듯했다. 딸내미에게 뭐라도 좀 사먹이고 싶었는지 엄마는 김밥집 옆 만두가게에서 김이 모락모락 나는 찜통을 향해 재차 고갯짓을 했다. 딸은 "됐다니까!" 하며 엄마 팔을 잡아끌어 한층 찰싹 붙었다. 둘은 골목 안으로 총총 사라졌다.

후배와 점심을 먹다 그 일화를 들려주자 "언니, 참 정겨운 장면이네요" 했다. 그러더니 그녀도 버스를 타고 가다 본 어떤 장면을 말하기 시작했다. 정류장에서 교복 입은 고등학생들이 우르르 내리는데 갑자기 비가 쏟아졌다고 한다. 한 여학생이 앞서 걸어가고, 남학생이 서둘러 뒤따라가며 손우산을 만들어 여학생의 머리 위를 가리고 있더란다. 여자아이가 비 맞는 게 안타까웠나 보다. 아직 정식으로 교제하는 사이는 아니었는지 쭈뼛거리며 더 다가서진 못하고, 그렇게 뒤에서 손우산을 만들어 비를 가려주더란다. 버스가 출발하고 멀어질 때까지 후배는 차창에서 눈을 뗄 수 없었단다. 그 모습이 예뻐서.

우리는 황순원의 〈소나기〉를 읽은 기분이었다. 순간 나도 오래된 기억이 하나 떠올랐다. 대학 시절 시장통에 위치한 입시학원에서 아르바이트를 하던 무렵이었다. 무더운 여름날 저녁, 시장을 가로질러 걷는데 맞은편에 줄인 교복과 깻잎머리로 한껏 멋을 낸 남학생과 여학생이 걸어오고 있었다. 한 손은 꼭 붙잡고 다른 손으로는 각자 닭다리 하나씩 뜯어먹으면서. 노상 튀김집에서 한 개에 1500원에 팔던 닭다리

말이다. 여자아이는 내가 가르치던 반 학생은 아니었지만 내 얼굴을 아는 것 같았다. 그래서 부끄러웠는지 닭튀김 쥔 왼손을 뒤로 감추며 친구한테 잡힌 오른손을 꼼틀꼼틀 빼내려고 했다. 남자아이는 "왜 그래?" 하며 불만스러운 듯 나를 쓱 보더니 친구의 손을 더 꽉 쥐는 거였다. 모르는 척 고개 숙이고 몇 발짝 더 걸었다. 그러다 뒤돌아서서 한참을 봤다. 그 모습이 사랑스러워서.

얼마 전 연휴 첫날 밤, 아랫마을로 내려갔다가 길모퉁이에 새로 생긴 자그만 심야식당을 발견했다. 안에서 새어나오는 불빛이 유난히 아늑했다. 통유리 너머로 들여다보니 대부분 연인 아니면 친구로 보이는 누군가와 함께였는데 그중 한 테이블이 눈에 띄었다. 거기엔 중학생 정도 된 소년과 그의 아버지로 보이는 이가 마주 앉아 있었다. 셔츠와 재킷 차림인 걸로 보아 휴일인데도 일터로 출근했다가 밤늦게 아이를 데리고 나온 듯했다. 아들은 한창 키 클 나이인지 몸이 길쭉했다. 앞 접시에 놓인 볶음요리 같은 걸 엄청 집중해서 먹고 있었다. 아버지는 그 모습을 지켜보며 술잔 기울이고.

때마침 점원이 튀김을 가져다주자 남자는 아이 접시에 커다란 새우튀김을 얹어놓았다. 그러면서 뭐라 했는데 두꺼운 창문 너머라 들리진 않았지만 천천히 꼭꼭 씹어 먹으라는 것 같았다. 아들은 답을 하지 않고, 고개도 들지 않은 채 튀김을 집어 한입 덥석 베어 물었다. 남자가 피식 웃었다.

　계속 훔쳐보면 안 될 것 같아 발걸음을 떼었다. 연인에게 밀어를 속삭이는 청년과 친구들끼리 둘러앉아 술 한 잔 걸치며 연신 웃음을 터뜨리는 또래 아재들 사이에서, 노곤한 얼굴로 아이가 맛있게 먹는 모습을 물끄러미 바라보는 이의 마음에 대해 잠시 생각했다. 나도 정종 한 잔 마신 듯 마음이 따끈해졌다. 다음에 후배 만나면 들려주려고 장면을 기록해두었다. 그리고 소망했다. 야자 마치고 엄마 팔에 달라붙어 집으로 향하던 소녀와 친구 머리 위로 손우산 만들어주던 소년과 손잡고 닭다리 뜯던 어린 연인도 여전히 그렇게 사랑하며 살고 있기를.

웃음
한 조각

가톨릭 신자인 나는 매해 두세 번 정도 신자의 의무에 따라 고해성사를 한다. 고해성사란 죄를 성찰·통회한 후 사제에게 고백해 용서를 구하는 가톨릭 고유의 전례다. 이를 위해 부활절을 앞두고 명동성당에 찾아갔던 어느 봄날 오후였다.

토요일이라 고해소에는 줄이 기차처럼 길었다. 여러 신부님들이 한 시간 간격으로 배턴 터치하듯 일하고 있었는데, 오후 2시에서 3시로 넘어가면서 갑자기 순환이 느려지고 대기자가 늘었다. 수군거리는 인파 안에서는 "어떤 신자가 이렇게 매너 없이 길게 고해하나!"라는 투덜거림과 "신부님이 너무 정석대로 하시는 거 아냐?"라는 불평이 들려왔다. 그렇게 30여 분을 기다리다 마침내 내 차례가 돌아왔다.

고해소 안으로 들어가자 벽면의 창이 스르륵 열리며 어둠 저편에서 나직한 음성이 들렸다. "썽부와 썽자와 썽령의 이룜으로." 외국인 신부님인 듯했다. "마지막으로 고해한 건 6개월 전입니다." 정해진 고해 순서에 따라 내가 말문을 떼자, 신부님은 알아듣기 어려우니 더 크게 말하라고 했다. 그러면 고해소 밖에서도 내 이야기가 들릴 텐데. 어쩐지 앞 순서에 고해하신 아주머니의 목소리가 너무 크다 했었다. 목소리를 키우는 대신 벽면으로 더 바짝 다가섰다.

"제 일방적인 선망으로 인해⋯."

"웅? 썬꽝? 그커 머?"

신부님이 물었다. 순간 "이 맥락에서는 adoration(흠모, 경배)의 의미입니다"라고 설명하고픈 충동이 일었으나 "지큼 영어 할 줄 안다코 잘난 체합니콰?" 꾸짖으실 것 같아 참았다.

"계쏙해요."

이대로 계속해도 괜찮을지 잠시 고민했지만, 고해를 듣는 것은 벽 너머의 사제가 아닌 하늘에 계신 하느님이라고 교리 시간에 배웠기에 준비해온 이야기를 이어갔다. 다 듣고 나서 신부님이 물었다. "티뷔나 콤푸따, 스맛폰 앞에서 마는 시간 보냅니콰?" 그건 방금 말한 내용과 관계없는데 왜 물어

보는지 의아해하며, 컴퓨터는 종종 사용한다고 답했다.

"스맛폰도?"

"예? 예."

"그 시간 기토해야 해. 기토 마뉘 합니콰?"

"예? 예."

"음란한 영상은 봅니콰?"

"예… 예?"

아아, 우리들의 신부님. 선망이란 단어를 욕망으로 잘못 이해하셨던 것일까. 웃음이 터져 나와서 말을 못 잇던 내게 신부님이 근심스러운 목소리로 재차 물었다. "…봅니콰?"

그날 저녁, 친구에게 이야기했더니 단번에 "외국에서 오신 그 할아버지 신부님?" 했다. 언젠가 자신이 고해성사 도중 울먹거렸더니 "울지 말코 또박또박!" 하며 야단쳤다는 거다. 울다 말고 웃음이 터졌다고 했다. 생각해보니 나 역시 그랬다. 단어를 고르고 골라 문장화했던 무거운 상념이 일순간 풍선처럼 펑 터지면서 마음이 둥실 가벼워졌던 것이다.

돌이켜보면 당시 나는 '잘못'을 고백한 게 아니었다. 죄를 성찰하고 통회하는 대신, 감춰둔 고민들을 난해한 어휘와 수사로 치장한 후 종교의례의 외피를 빌려 그저 누군가에게 털어놓고 싶었던 것 같다. 하늘에 계신 분 역시 속셈을 모르셨을 리 없다. 그건 올바른 고해 방식이 결코 아니었지만, 떠밀어내는 대신 그분은 어르고 달래며 '내가 좀 웃게 해줄까?' 윙크했던 건 아닐까. 신이 선물한 웃음 한 조각.

이 이야기를 칼럼에 적었던 것은 작년 초였다. 원고 마감 전날까지 난 코로나19로 촉발된 사회적 혐오와 배제에 관해 글을 쓰고 있었다. 그러다 문득 지난 보름간 읽은 활자의 8할 이상이 바이러스에 관한 것임을 인지했다. 전문가들의 수많은 지식과 비평과 전망이 이미 흘러넘치는 중에 나의 평마저 거기 보태는 대신 '제가 좀 재밌게 해드릴까요?' 해보면 어떨지 싶었다. 혹자는 위중한 시국에 무슨 시답잖은 소리냐며 혀를 끌끌 찰 테고, 대다수는 읽지 않고 그냥 넘기겠지. 그래도 괜찮았다. 무거운 상념에 잠긴 누군가, 신문 귀퉁이의 "음란한 영상은 봅니꽈"에 어쩌다 시선이 닿은 누군가, 엄숙한 고해소에서 부지불식간에 웃음 터졌던 나처럼 아주 잠깐, 한번 웃고 갈 수 있다면 그걸로 충분했다.

고해하고 돌아온 그날 밤, '지은 죄를 용서받기 위한 숙제'인 '보속'으로 신부님이 읽으라고 하신 부분을 찾아 성서를 펼쳐들었다. 거기엔 이런 구절이 적혀 있었다.

"이 모든 것이 너희에게 필요함을 아신다."(〈마태복음〉 6장 32절)

※

위로는
도둑처럼 왔다

지난여름 연구실에 반가운 손님이 찾아왔다. 대학원에 진학하며 상경했던 우리 학과 졸업생이었다. 첫 방학을 맞아 귀향한 차에 잠시 들른 거였다. 그동안 별일 없으셨냐고 묻기에 "비대면 수업 녹화하느라 나도 힘들었고, 허술한 영상을 인내하며 본 학생들도 고생했지 뭐" 하고 깔깔 웃으며 얼버무렸다. 내 안부를 전하기보다 그 친구의 안부를 듣고 싶었다. 새 학교에서의 첫 학기가 어땠는지, 대학원 전공 수업이 어렵진 않았는지, 조교 업무는 할 만한지 궁금한 게 많았다. 이런저런 이야기를 나눈 후 연구실 문을 나서려던 그가 일순간 머뭇거렸다. 뭔가 할 말이 남은 표정이었다.

각 학번마다 고유한 장점이 있지만 지난해 졸업한 학생들은 개인적으로 한층 각별했다. 내가 이곳에 갓 부임할 무렵 신입생으로 입학했던지라 전공 지식을 차곡차곡 함께 쌓아가는 기쁨을 가졌고, 학생들 역시 나를 '소블리 법교수님'이라 부르며 무척 따랐다. 공들여 써내려간 논문이 공부하는 사람으로서의 내 일부처럼 느껴진다면, 작년 졸업생들은 가르치는 사람으로서의 내 분신 같았다. 특히 그 친구는 제대후 복학해 다섯 학기 연속으로 법 관련 교과목을 수강한 데다 내가 학과장으로 일하기 시작할 무렵 전공 대표를 맡았기에 더욱 가깝게 지냈다. 그러니 '내가 너를 알지. 네 표정을보면 뭘 고민하는지 예상할 수 있거든' 하고 혼자 생각했더랬다. 대학원 생활과 관련해 상담할 게 있나 보다고 짐작한나는 방학 마치기 전에 시간 나면 들르라고 당부했다. "맛있는 차와 과자 준비해둘게!"라며.

열흘쯤 지나 어느 늦은 오후, 똑똑 노크 소리가 들렸다. 그때 그 고민을 상의하러 왔구나 짐작했다. 어질러진 탁자를치우고 차 끓일 채비를 하는데 그가 들고 온 꾸러미를 주섬주섬 끌러놓았다. 의아해하는 내게 조심스레 말문을 떼었다. "실은 제가 그 칼럼(〈두 발 닿을 그곳이 지상이기를〉, 2020년 6월 24일)을 읽었어요. 그래서 알게 되었어요. 아프시다는거요." 어떻게 말을 꺼낼지 고민하다가 지난번에는 그냥 돌아갔다고. 인터넷 사이트 구매 후기를 꼼꼼히 찾아 읽고 영양보조제를 구입했는데 의약품이 아니니까 부작용은 없을 거라고. 길쭉한 캡슐 종합비타민은 하루 두 알, 동그란 젤리 비타민 D는 하루 한 알씩 드시면 되고 무엇보다 꾸준히 복용하는 게 중요하다고 설명했다.

조력자의 역할을 수행하고자 한창 상담 모드로 들어서 있던 나는 무방비상태에서 눈시울이 뜨거워졌다. 내가 선생인데, 뭐든 내 쪽에서 해주어야 하는데 하며 울먹였다. 위로의 순간은 도둑처럼 왔다. 도움과 조언을 내줄 태세를 갖추고 대기하던 중에, 뜻밖의 상대로부터 기습적으로. 손윗사람의 표정과 자세로 나는 아이처럼 울었다.

적혈구와 백혈구, 혈소판 수치가 매우 낮아 언제 패혈증이 올지 모른다고 했던 게 지난해 늦봄이었다. 골수 검사를 통해 병명이 확정된 후에는 이내 휴직하고 입원 치료에 들어가리라 예상했었다. 혈연가족과 절연한 채 사는 내게 '환우가족', '보호자' 같은 단어나 '아프면 결국 식구뿐이야'라는 말은 칼날같이 느껴졌다. 직장 공동체와 학생들한테서 떼어져 나와 홀로 되는 것이 투병 자체보다 두려웠다. 그런데 1년이 지난 지금 뜻밖에도 공부하고 가르치고 글 쓰며 일하는 일상을 그대로 살고 있다. 의사 선생님이 30년 넘게 진료하며 단 두 차례 보셨다는 '저절로 나아진' 임상 사례의 세 번째 주인공까진 못 되었으나, 중증 수치가 아니어서 독한 치료를 당장 받지 않아도 괜찮았다. 날마다 복용해온 비타민 세 알 덕분일까. 의학적으로는 아무 관련 없다지만 왠지 그럴 것 같다.

그날 저녁 카톡 메시지를 받았다. 주제넘은 말일지 모르지만, 지금껏 그랬듯 앞으로도 행복하셨으면 좋겠다고. "고마워. 너희들과 함께했던 '내 살의 살 같은' 시간을 보석처럼 간직하고 앞으로도 행복해질게." 나는 답했다.

영화를 보고 난
다음 장면

〈홀리 모터스〉(레오 카락스, 2012)라는 영화가 개봉했을 때다. 평단의 극찬을 받은 작품이라기에 밤늦게 짬을 내 광화문 근처의 작은 상영관을 찾았다. 영화는 10시 넘어 끝났다. 엔딩 크레딧이 올라간 후 출구로 향하던 관객 중 누구도 소리 내어 말하진 않았지만, 얼굴에는 다들 '어려워도 너무 어렵다'라고 적혀 있었다. 나처럼 혼자 온 사람들은 난해한 대목들을 이해한 척 표정을 꾸몄고, 여럿이 온 이들 가운데 한 명씩은 고개를 푹 숙이고 있었다. 짐작건대 그들이 영화 보자고 일행에게 제안했던 당사자일 테다.

그 시각에 끝난 영화가 한 편뿐이어서 극장을 나선 사람들이 본의 아니게 나란히 걷게 되었다. 사거리 횡단보도 신호를 기다리던 중 뒤편에서 볼멘소리가 들렸다.

"야, 내가 조낸 이해해보려 했는데, 아까 네온사인 옷 입고 부비부비 하던 거 뭐였냐?"

"그게 아방가르드라는 거야."

"아 무슨. 아방가르드가 변태냐?"

"그러니까 내가 아이언맨 새로 나온 거 보자고 했어, 안 했어?"

돌아보니 스물두어 살로 보이는 남자 셋이었다. 친구가 군대 휴가 나와서 함께 극장을 찾은 것일까, 아니면 영화 관련 교양수업에서 교수가 추천한 것일까. 그중 한 명이 자신 없는 목소리로 "그래도 감독이 퐁네트의 연인들인가, 뭐 그런 존나 유명한 걸 찍었다던데"라고 하자 옆의 둘이 "너 또 이런 거 보자고 그러면 진짜!" 하며 헤드록을 건다. 픽 웃음이 나려 해서 고개를 돌렸더니, 광화문대로의 이순신 장군이 큰 칼에 손을 대며 "어허 이놈들, 바르고 고운 말 사용하지 못할까?" 호통 치듯 셋을 노려보고 있는 게 아닌가? 장군의 등 뒤로는 세종대왕께서 어둠 속에서 근엄히 좌정하시어 "제군들, 퐁네트가 아니라 퐁네프로다"라고 정정해주셨다.

횡단보도를 건너 버스정류장으로 향하는데 또 두런두런 목소리가 들려온다. "근데 그 장면에서 손은 왜 깨물었냐?"

역시 20대 초반으로 보이는, 얼굴이 영심이처럼 동그란 친구와 커다란 뿔테안경 쓴 친구였다.

"내 말이. 꽃은 왜 먹냐고."

"황당하지 않냐?"

"진짜. 남주(남자 주인공)도 그렇게 생겼을 줄이야."

그 순간 정류장 저편에서 단호한 목소리가 쨍 울렸다. "그러니까 카락스 감독도 여체를 대상화한 점은 매한가지야. 대단히 폭력적이지." 담배를 쥔 단발머리 여자가 후배로 추정되는 이들을 세워놓고 한창 영화를 논하고 있었다. 예전 영화 잡지 《키노》풍의 유려한 문어체 문장들이 구어가 되어 그녀 입술에서 술술 흘러나왔다. 후배들은 엉거주춤 선 채 '근데 누나, 목소리 조금만 낮추시지' 하는 표정이었다. 옆에서 잠자코 듣던 영심이와 뿔테안경이 속삭인다.

"야, 영화 얘기 그만하자."

"우리는 좀 찌그러져 있어야겠다."

마음에 오래 남는 영화에는 각자의 경험과 시선에 따라 다르게 의미화되는 작품이 있는 반면, 전문가의 비평을 읽어야 비로소 이해되는 작품도 있다. 관람 당시 〈홀리 모터스〉는 후자가 되리라 짐작했다. 하지만 예상과 달리 영화평에 몰입할 수 없었다. 광인 에피소드에 대한 진지한 정신분석학

적 해석을 읽으면 '꽃은 또 왜 먹냐고'가 익살스럽게 겹쳐지고, 모션캡처 배우 에피소드 분석에서는 '네온사인 옷 입고 부비부비'가 귀에 쟁쟁거렸다. 생각 말미엔 큰 칼 쥔 이순신 장군과 그 뒤에 좌정하신 세종대왕이 항상 등장했다. 유머 코드가 적은 작품인데도 떠올리면 웃음이 났다.

삶과 영화의, 그리고 화면 안과 밖의 경계가 열어지며 서로 스미는 찰나들이 이 작품의 주제 중 하나였을 것이다. 비유와 상징을 다 파악한 듯 표정을 꾸며내려던 내가 등 뒤의 볼멘소리를 들으며 몰래 입꼬리 씩 올라가던 순간 또한 안과 밖의 경계가 기워져 짜이는(interwoven) 찰나였을 듯하다. 이순신 장군과 영심이와 '조낸 이해해보려고'와 '여체의 대상화'가 어우러진. 명감독이 만들어낸 영화 속 장면들보다 영화를 본 관객들이 등장하는 광화문 사거리와 종각 버스정류장의 그 장면들이 한층 각별하게 내 안에 각인될 것임을 예감했다. 지금 이곳에서 함께 살아가는 우리임이 즐거웠던 순간이었다.

※

따뜻한 무언가
내면에서

시를 쓰는 선배 교수님이 있다. 어디에 발표하거나 게재하는 건 아니고 직장 지인에게만 회람하는 듯했다. 그 지인 목록에 나도 포함되어, 이따금 시를 얻어 읽을 기회가 있었다. 선생님의 작품들은 학생들을 인솔해 해외 교육봉사 가서 겪은 에피소드 등 주로 학교 일과 관련한 내용이었는데, 수미상관의 형식미가 철저했다. 공대 모범생이 교양국어 수업에서 정성 들여 작성한 과제물 느낌이랄까. 혹은 '오늘 날씨, 맑음'으로 시작해 '참 재미있었다'로 끝맺는, 소년이 연필로 반듯하게 써 내려간 방학일기 같다고 할까. 독일 병정처럼 각운도 어찌나 딱딱 들어맞던지 읽다 보면 미소가 절로 지어졌다. 내 쪽에서도 감상평을 드려야 할 것 같았지만, 나보다 한참 손위인 분한테 "시가 참 귀엽습니다"라 평하거나 "참 잘했어요" 도장 이모티콘을 보내드릴 용기는 나지 않아 "다녀오시느라 고생하셨습니다" 정도로 공손하게 호응하곤 했다.

어느 늦겨울 오후였다. 카톡 알림음과 함께 긴 시구가 보여서 휴대전화를 집어들었더니, 뜻밖에도 위독한 아버지 병문안을 다녀온 내용이었다. 학교 일이 아닌 개인적인 소재는 처음이었다. 누군가의 병수발을 해본 경험이 없는 내가, 제대로 알지 못하면서 손쉽게 위로를 건네기가 조심스러웠다. 답을 쓰고 지우길 반복하다 이내 잊었는데, 여러 날이 지나 교원 동정란에 그분 부친상 부고가 올라왔다. 시를 다시 찾아 읽으며 마음이 아릿했다. 빈소가 먼 곳이었으나 다녀와야겠다고 생각했다.

당시 중고등학교 봄방학 시기라 항공편이 전부 매진이었다. 그냥 학과 사무실로 부의금을 전달해야 하나 했는데, 김포행 취소석이 한 자리 뜨기에 얼른 구매했다. 돌아오는 비행기 표는 공항에서 대기하며 구하기로 하고 무작정 상경했다. 막상 빈소에 도착하니 '타 학과 후배 교수가 혼자서 여기까지 온 게 조문 관례에 어긋나는 과잉 아닐까' 뒤늦게 걱정이 되었다. 우물쭈물 방명록을 적던 중 영정 곁에 형제들과 나란히 서 계신 선생님과 시선이 마주쳤다. 나를 알아본 그분의 눈이 둥그레지더니, 바로 다음 순간 초승달 모양이 되었다. 그리고 활짝, 그야말로 활짝 웃으셨다.

나는 당황했다. 비록 상례에는 무지했어도 빈소에서 웃는 건 예의가 아닌 듯했기 때문이다. 선생님의 눈길을 피하며 애써 침통한 표정을 유지했다. 헌화하고 묵념한 후 상주와 인사하려고 고개를 드니 그분은 여전히 초승달 모양의 눈매로 싱긋싱긋 웃고 계셨다. 안 그래도 비행기 표를 못 구해서 제주에서 지인들이 거의 못 왔다고 했다. "교수님도 안 와도 되는데. 근데 와주니까 좋네요. 좋아요 정말."

순간 따뜻한 무언가가 내면에서 뭉클 솟았다. 어떤 단어로도 오롯이 표현 안 될 감정. 그리고 예감했다. 생을 통해 알아온 좋은 사람들을 사진 한 장으로 만들어 기억한다면 그 선생님은 내게 상복 입은 채 이쪽을 보며 해사하게 웃는 지금의 모습으로 간직될 것임을.

"저한테 교수님은 이 모습으로 기억될 거 같아요." 생각해 보니 나도 그런 이야기를 들은 적이 있다. 졸업을 앞둔 학생과 상담하던 중에. 그 친구가 말하기를 상담 올 때면 내가 항상 차를 끓여주었단다. 연구실 문을 열고 들어서면 저편에서 전기포트 버튼을 탁 누르고서 차 상자 들어 보이며 "레몬차

271

마실래, 도라지차 마실래?" 물었다고. 그 장면이 잊히지 않을 거라고 했다. 어느 동료는 내 방을 방문할 때마다 서랍에서 꺼내놓던 양과자들로 나를 기억할 거라고 했다. 외할머니 장롱이나 이불 속처럼, 나누어 먹을 다디단 군것질 거리를 쟁여둔 이소영 선생의 책상 서랍.

찻물 끓이고 서랍 안에서 과자 꺼낼 때의 표정을 나는 모른다. 유체이탈해 스스로를 본 일이 없으니 말이다. 모르긴 몰라도 그이들이 품었던 느낌이 내가 조문 가서 선배 교수님을 보며 가졌던 감정과 닮지 않았을까 짐작해본다. 그 생각을 하면 왠지 행복해진다. 우리가 세상 안에서 서로 관계 맺으며 '지금 저 모습으로 저 사람을 기억하고 싶은' 순간을 더 많이 만났으면 한다. 그런 사소한 게 무슨 소망이냐 할 테지만, 일생 동안 품을 바람 중 하나다.

※

기억의
이불을 덮고

〈타오르는 여인의 초상〉(셀린 시아마, 2019)이
란 영화가 있다. 제주에서는 상영을 하지 않아서 서울 출장
갔을 때 일부러 짬 내어 극장을 찾았다. 좋아하는 퀴어 영화
인 〈캐롤〉과 〈가장 따뜻한 색, 블루〉, 〈콜 미 바이 유어 네임〉
등과 궤를 같이한다고 들어서였다. 영화는 과연 감각적이면
서도 군더더기 없이 정갈했고, 무엇보다 아름다웠다. 영화를
보는 내내 잘 만든 작품이구나, 감탄했다. 그런데 어쩐지 앞
선 세 작품에서처럼 감정이 일렁이지는 않았다.

새로운 세계를 처음 열어 보여준 손윗사람에게 매료된 더
어린 자의 성장통을 그려낸 위의 세 작품들과 달리, 이 영화
에서 연인관계는 철저하게 수평적이다. "당신이 나를 볼 때

나는 누구를 보겠어요?"라는 대사가 시사하듯, 극중 엘로이 즈와 마리안느는 상이한 신분과 위치에서도 대등한 시선으로 서로를 바라보았고, 비슷한 속도로 서로한테 이끌렸다. 그것은 이 작품이 지닌 고유한 탁월함이었고 윤리적 올바름이었으나, 바로 그 장점 때문에 개인적으로는 쉽사리 이입이 안 되었다. 왜냐하면 그런 수평적 사랑을 해본 적 없으니까.

이제까지 살아오며 나를 강렬하게 사로잡았던 몇 안 되는 이들은 나보다 한참 어른이었거나 혹은 마음대로 다가설 수 없는 사람이었다. 나의 세상을 경이로운 빛깔로 물들여준 유일무이하고 대체 불가능한 존재들과 나는 대등하고 상호적인 관계가 아니었다. 몇 번의 계기로 섣불리 키워간 선망, 그로 인해 생겨난 거리감, '또 뭘 잘못한 건 아닐까' 하는 불안과 자책. 그것의 반복이었고, 그게 전부였다. 따라서 영화는 아름답되 작중인물들이 지닌 감정은 내 것일 수 없었다.

그러다 마지막 장면에서였다. 결혼하여 밀라노의 백작부인이 된 엘로이즈는 어느 날 음악회를 찾는다. 그리고 그 순간 연주되던 곡이 오래전, 마리안느가 하프시코드를 치며 묘사했던 바로 그 곡임을 깨닫는다. 거기서 카메라는 엘로이즈의 얼굴을 가까이 비추는데, 그녀는 감정이 북받치다가 다음 순간 얼핏 미소를 짓기도 하다 끝내 웃으면서 울먹인다. 음악이 복기해낸 어떤 시간과, 그 시간을 함께 만들어 가졌던 사람에 대한 기억. 그게 무엇인지 알 것 같았다.

영화관을 나서서 종로통을 천천히, 오래 걸었다. 여러 음악과 시간이 떠올랐다. 뜻밖에 그것들은 유일무이하며 대체 불가능하다고 생각했던 그 관계들에 관한 것이 아니었다. 사소한, 참말로 별것 아닌 기억들이었다.

이를테면 이런 거다. 대학원 시절 공동연구실에서 밤늦게 페이퍼 쓰다가 알란 파슨스 프로젝트의 〈Turn of a Friendly Card〉라는 노래 제목을 두고 그게 무슨 뜻이냐며 갑론을박한 적이 있다. 선배는 직역하면 '좋은 패를 깠다' 정도일 거라 했고, 나는 설마 그런 산통 깨는 의미일 리 없다고 반발했다. 그러자 선배가 그 밴드라면 그럴 수도 있다며, 그들의 대표곡인 〈Ammonia Avenue〉(방귀 냄새 거리)도 수려한 멜로디에 어디 어울리는 노래 제목이냐고 되물었다. 그렇게 둘이서 공부는 안 하고 노래만 수차례 이어 듣다가 "이 곡 이거 중독성 있네!", "암모니아 애비뉴보다 심지어 더 좋은데요?" 하고 감탄했더랬다.

얼마 전 유튜브로 랜덤 설정한 알란 파슨스 프로젝트의 노래들 속에서 그 곡을 다시 들었을 때, 십수 년 전 대학원 도서관 건물의 습기 냄새와 낡은 책상 위의 담배꽁초 쌓인 종이컵들과 제본한 원서들이 눈앞에 펼쳐지는 듯했다. 그리 특별할 것 없던 밤 시간이었고, 그 선배와는 밤늦게 공부하다 가끔 함께 차 끓여 마시며 농담을 주고받던 정도의 관계였을 뿐인데도.

음악이 복원해낸 나의 기억들은 대개 그렇다. 택시 기사님이 〈최양락의 재미있는 라디오〉를 희생하고 함께 들어준 성모의 노래들, 민사소송법 시험 전날 입시학원 교무실에서 흘러나오던 〈반짝반짝 작은 별 변주곡〉, 아르바이트 마치고 한남역에서 국철 기다리며 들은 키스 자렛의 〈쾰른 콘서트〉. 그런 미소한 기억들.

음악과 함께 떠올릴 결정적인 사랑의 기억이나 일생의 연인 같은 것은 없지만, 대신 갖가지 자투리 일상들이 스미고 짜이고 덧대어지는 중이다. 거기에는 글렌 굴드와 필리프 헤레베헤, 유희열과 카멜과 제쓰로 툴이 복원해낸 생의 크고 작은 에피소드들이 누벼져 있을 것이다. 언젠가 세상 끝 날 그 누빈 이불을 덮고 나는 나의 하느님에게로 가게 될까.

"(…) 어찌 보면 첨예한 사회 현안을 날카롭게 정제된 언어로 전시되는 자리에 어울리지 않을 글이었습니다. 그런데 그렇기에 오히려 경직된 자세와 마음으로 각종 기사와 칼럼을 읽던 제게 유독 인상을 남겼던 것 같습니다. 앞으로 삶의 어떤 이야기들을 어떻게 풀어가실지도 궁금했고요. 연재 글을 기반으로 사람들에게 '별것 아닌 것 같지만 도움이 되는' 작은 책 한 권을 저와 함께 만들어보실 생각이 없으실런지요."

《경향신문》칼럼 연재를 갓 시작했던 무렵이었어요. 신문 지면에 어울리지 않아 한두 회 만에 막을 내릴 거라 예상했던 제 글을 읽고 선생님이 메일을 보내오셨지요. 우와, 내가 이런 제안을 받다니. 신기했어요. 한 줄 한 줄 세심하게 쓰인 메일이라 곧장 답을 하지 못하고 적었다 지웠다 반복한 기억이 나요.

아직 초학인데 학술서와 성격이 다른 책의 저자가 된다는 게 겁이 나서, 집필 방향과 기획을 중도에 몇 차례 바꾸느라, 밀어닥치는 학교 일과 학회 일을 먼저 하느라, 논문 마감과 강의 준비에 쫓기느라, 책 작업을 미루고 또 미루었어요. '원고는 함께 다듬어 나가면 되는 거니까 잘 써야 한다는 부담감을 버리고 거칠게라도 한 꼭지씩 완성해보자' 설득하셨는데, 미숙한 상태의 글을 보여드리기 부끄럽다며 붙들고만 있었지요. 그러다 선생님이 만들어주시는 책의 저자가 되지 못한 채 지난겨울 선생님과 헤어지게 되었어요.

저는 천상에 희망을 품고 있어요. 내가 사랑하는 사람들은 나중에 틀림없이 아름다운 곳으로 올라갈 테니, 그곳에서 그이들을 다시 만나려면 오늘을 선하게 살아야 한다는, '제망매가(祭亡妹歌)'적인 믿음이라 쑥스럽지만요.

어느 순간부터 선생님 말고도 제 글을 찾아 읽고 좋아해주는 사람들이 생겼어요. 때론 부지불식간에 스스로 도덕적 우위에 선 양 착각하고, 예상되는 비난에 대해 과도한 자기방어기제가 작동하기도 하고, 별것 아닌데 도움'도' 안 되는 이야기를 그럴듯하게 부풀리려는 유혹도 느꼈어요. 그렇게 얕은 사람이지요, 저는. 하지만 선생님이 발견해주신 첫 마음을 아껴 간직할게요. 세상 안에서 살아가며 글쓰기가 허락될 시간 동안 잊지 않겠습니다.

양치기 저자가 약속을 지켰어요. 선생님의 다정한 직장 동료들과 함께 작업한 책을 세상에 내놓았거든요. '별것 아닌 선의'의 이야기들을 한 아름 안고서 언젠가 훗날 거기로 갈게요. 그곳에서 평안하시기를. 편집자 이환희 선생님. 저와 선생님이 공동으로 믿는 신께 기도하겠습니다.

별것 아닌 선의

초판 1쇄 발행 2021년 5월 14일
초판 5쇄 발행 2023년 7월 7일

지은이 | 이소영
발행인 | 김형보
편집 | 최윤경, 강태영, 임재희, 홍민기, 김수현
마케팅 | 이연실, 이다영, 송신아
디자인 | 송은비
경영지원 | 최윤영

발행처 | 어크로스출판그룹(주)
출판신고 | 2018년 12월 20일 제2018-000339호
주소 | 서울시 마포구 양화로10길 50 마이빌딩 3층
전화 | 070-8724-0876(편집) 070-8724-5877(영업)
팩스 | 02-6085-7676
이메일 | across@acrossbook.com

ISBN 979-11-90030-94-6 03300

만든 사람들
기획 | 이환희
편집 | 박민지
교정교열 | 오효순
표지디자인 | 어나더페이퍼
본문디자인 | 송은비